1 MONTH OF
FREE
READING

at

www.ForgottenBooks.com

By purchasing this book you are eligible for one month membership to ForgottenBooks.com, giving you unlimited access to our entire collection of over 1,000,000 titles via our web site and mobile apps.

To claim your free month visit:
www.forgottenbooks.com/free979921

ISBN 978-0-332-65933-6
PIBN 10979921

EXC.^{MO} E R.^{MO}

SENHOR

DEsculpaõ-se os offerentes da tenuidade das victimas, que sacrificaõ a seis Mecenas: porèm eu chego aos pés de V.

Ex-

Excellencia animoſo, cõm a vaida-
de, de que eſte candidiſſimo, ESPELHO,
que offereço, naõ he, oblaçaõ impro-
porcionada; porque ſe a pequenhez da
lamina o faz parecer incoherente; a
pureza da matèria o conſtituîu ca-
paz de todo o mіndo ver a V. Ex-
cellencia, como exemplar imagem
de Religioſos, e imitavel protò-
typo de Prelados.

Já V. Excellencia como Aſ-
tro mayor da Religiaõ Seráfica,
ou como Sol da Prelazia deſte Biſ-
pado, communicou aos Conventos
de Religioſas Franciſcanas, e
das mais Ordens, a benignidade de
ſuas influencias, e os rayos de ſeі eſ-
plendor nas Páternàes admoeſta-
çoens, e ſaudaveis doutrinas; mas
como

como nem a todas as partes podião chegar logo as luzes (que nem a ambos os emisferios illumina juntamente o Sol,)poderão agora brilhar em todo o Mundo os reflexos deste ESPELHO, que doi à luz de V. Excellencia.

Por virtide de ingenhofa Catoptrica, fe exprimenta nos efpelhos expoſtos ao Sol, que façaõ, por tranſmiſſaõ, reverberar os reſplãdòres em diverfas partes, e atear nellas intenfas chamas. Agora me ficaràõ devendo o mefmo admiravel artificio aquellas perfeitas Religiofas, em quem fe atearem os incendios da vida contemplativa, e em quem fe tranfmitirem os efplendòres de tãto Sol; como o, a que applico efte puriſſiriſſimo ESPELHO, ſem que o impenétravel de coraçoens duros poſſa reſiſtir aos intenſos rayos das religioſas virtudes de V. Excellencia, porque conſidero neſte ESPELHO os meſmos admiraveis effeitos, que nos da nova invençaõ de Villete, a cujos reflexos, ſe abrandaõ marmores, e liquidaõ bronzes; por iſſo poderá qualquer Alma religioſa, em que reflectir taõ activa luz, exclamar como o ſuaviſſimo Comanino. Canz. 10. Stanz. 7.

D'ún caro voſtro ſguardo un dulce lampo,
Occhi, ſ'entro a fredd'alma a riva, eſpléde,
Quanto, O quanto l'incende!
Ben nullo è cor di coſi dure tempre,
Che non ſ'infiammi, eſtempre,
Puntô dal caldo del bel voſtro raggio
Ch'alui toglie il decébre, emena il maggio.

Di-

Digne-se pois V.Excellencia, Meu Senhor, de aceitar o rendimento deſte meu pequeno obſequio, para q̃ a reública litéraria ſe aṇîme a reſpeitar a benevola protecçaõ, e grato apoyo do mais eſclarecido Mecenas, que tem na Illuſtriſſima Peſſoa de V. Excellencia, dotada de taõ ſuperior talento, de taõ vaſta literatura, de taõ ſublimes predicados, de taõ Illuſtres prerogativas, taõ famoſas dignidades, e taõ heroycas virtιdes, que publĩca a fama, teſtificaõ os prélos, experimentaõ os naſcionàes, e admiraõ os Eſtrangeiros; para gloria immortal dos fieis ſubditos de V. Excellencia, que Deos guarde, proſpere,

e fe-

e felicite por muitos seculos, como havemos mister.

De V. Excellencia

Devotissimo, obsequiosissimo, e reverente criado, que S.M.B.

Manoel Pedroso Coimbra.

LICENÇAS

DOS. OFFICIO.

P Ode-fe reimprimir o livro in-
titulado *Efpelho de perfeitas
Religiofas* , e depois de impreſſo
tornará para fe conferir, e dar licença que corra, fem a qual naõ
correrá. Lisboa 5. de Junho de
1742.

Fr. R. de Alencaftre.   *Silva.*   *Soares.*
      Abreu.   *Amaral.*

Do Ordinario.

P Ode-fe tornar a imprimir o livro de que fe trata, e depois de
im-

impreſſo torne para conferir, ſem o que naõ correrà. Porto 9. de Março 1742.

Velho.

Do Paço.

QUe ſe poſſa tornar a imprimir viſtas as licenças do Santo Officio, e Ordinario, e depois de impreſſo torne a eſta meza para ſe conferir, taxar, e dar licença para correr, ſem a qual naõ correrá. Lisboa 28. de Junho de 1742.

Pereira. Teyxeira. Coſta.

EM NOME

DO

SENHOR

Principia a Regra das Freyras

DE

SANTA CLARA

CAPITULO I.

TODAS as q̃ deixada a vaidade do mũdo, quizerem entrar, e perſeverar na voſſa Religiam, he neceſſario, e convemlhe guardar eſta ley de vida, e diſciplina, vivẽdo em obediencia, ſem proprio, e em Caſtidade, ll tambem em perpetua clauzura.

A   CA-

CAPITULO II.

Que as Freiras vivam continuamente ence-
rradas no Mosteiro.

AS que prometterem esta vida, sejaõ
obrigadas firmemente todo o tépo da
sua vida a estar encerradas dentro da
clauzura dos muros, que he de terminada
ao encerramento interior do Mosteiro; sa-
vo se acazo, o que Deos naõ Permitta. so-
breviesse alguma necessidade perigoza, q̃
se naõ pudesse escuzar; assim como de fogo,
ou entrada de inimigos, ou outra semelhante cauza, etal que de nenhuma maneira
sofresse dilaçaõ para pedir licença para sair.
Nos quaes cazos passemse as Irmans a outro lugar cõpetéte, aonde cõmodamente
quanto puder ser, estejaõ encerradas,
até que lhes seja dado Mosteiro. E pela tal
necessidade manifesta naõ lhes he concedida licença, ou poder de sahir dahi em diante
fóra da dita clauzura; salvo se por ordem,
ou authoridade do Cardeal da Santa Igreja
Romana, ao qual pela Sé Apostolica he
commettida geralmente esta ordem, fossem
mandadas algumas Freiras a algum lugar
para plantar, ou edificar alli esta Religiao;,
ou

ou para reformar algum Mosteiro desta
mesma Ordem ; ou por cauza de regimento
ou correição ; ou por evitar algum grave , e,
manifesto dano ; ou se por mandado , ou
authoridade do dito Cardeal deixassem de
todo algum Mosteiro por cauza razoavel , e
passasse toda a Comunidade a outro Mosteiro.

. Possaõ com tudo em cada hum dos ditos Mosteiro ser recebidas algumas , ainda
que poucas , com nome de servidoras, ou
Irmaus , para que promettaõ , e guardem
esta mesma Regra , excepto o artigo da
clauzura quaes de licença , e mandado da
Abbadeça poderáõ algumas vezes sahir a
procurar os negocios do Mosteiro. E qua-
do morrerem, assim as Freiras como as servidoras , sejaõ sepultadas dentro da clauzura, como convem.

CAPITULO III.
De como haõ de ser recebidas as Freiras , &
da sua profissaõ.

A Todas as que dezejaõ entrar nesta
Ordem , e nella ouverem de ser recebidas , antes que mudem o habito , e
tomem o da Religiaõ, sejaõlhe propostas as
couzas duras , e asperas, pelas quaes hé o
A2   caminho

caminho para Deos , e as quaes convem
firmemente guardar de neceffidade conforme efta Religiaõ; para que com a ignorancia
naõ tenhaõ efcuzas .

Nenhuma feja recebida, fe por defeito de
juizo , ou velhice, ou infirmidade for julgada não fer fufficiente; falvo fe por cauza
racionavel for difpenfado com ella por mandado , e authoridade do Senhor Cardeal ;
por que com as taes o vigor, e eftado da
Religiaõ muitas vezes fe relaxa , e fe turba,
pelo que com diligente cuidado, e cautela
fe deve evitar efta occaziaõ nas que hão de
fer recebidas.

A Abbadeça não receba alguma por fua
propria áthoridae fé cófétimento de todas
as Irmans , ou ao menos de duas partes dellas. Todas ellas, conforme he coftume ,
ejaõ recebidas; em caluzura , e cortados
fos cabellos logo deixem o habito fecular;
s quaes feja dada Meftra, q̃ lhe éfine as difciplinas regulares Outrofim dentro do anno
naõ fejão admittidas ás couzas que em
Capitulo fe tratam.

Depois de acabado hum anno. fe forem
de legitima idade , fação porfiffaõ nas mãos
da Abbadeça diante da Cómunidade, dizendo nefta maneira.

Eu

Eu a Irmã N. prometto a Deos, e á Bem-
aventuráda Virgem Maria, e ao Bemaven-
rado Saõ Francifco Noflo Padre, e Bemave-
nturada Virgem Santa Clara Noffa Madre,
e a todos as Santos. e a vòs Senhora Abba-
ça, de viver todo otempo da minha vida debaixo da Regra concedida á noffa Ordem
pelo Senhor Papa Urbano IV, em obediencia, fem proprio, e em caftidade, e tambem
de baixo de clauzura, conforme pela mefma Regra he ordenado. Efta mefma maneira de fazer profiffaõ fe guarde nas Irmans
fervidoras, e nas que de licença da Abbadeça podem fahir fóra, tirado o artigo da clauzura,

CAPITULO IV.
Do habito das Freiras.

Todas as Irmans cõmũmente cortem
os cabellos em certos tempos ao re-
dor até as orelhas; e cada huma dellas
poffa ter duas fayas, ou mais, conforme
parecer á Abbadeça, além da tunica de cilicio, ou eftamenha; e poffaõ ter manto abrochado ao pefcoço. Eftas veftiduras fejaõ de
panó Religiozo, e vil affim no preço, de-
mo na cor, conforme o coftume de diverfas

terras,

terras; e fejão feitas de tal meneira, q̃ não
poſſaõ ſer notadas de muy largas, ou de
muito curtás, para q̃ em o cubrir os pès
ſeja guardada a devida hoſtidade, e a ſuper-
fluidade no comprimento ſeja de todo evi-
tada. O habito decima ſeja de conveniente largura, ecomprimento aſſim nas mangas,
como no cropo, para que o habito exterior
dé teſtemuɾho da honeſtidade interior.

Tenhão eſcapularios ſem capelo de pano
vil, e Religiozo, ou de eſtamenha, e ſejão
de conveniente largura, e comprimento,
conforme a medida, ou qualidade de cada
huma o pedir, para q̃ os viſtão quando tra-
balhão, ou fazem alguma couza em q̃ cómodamente não podem trazer mantos. Podem cótudo eſtar ſem eſtes eſcapularios
algumas vezes, ſe parecer á Abbadeça, quádo por grande calma, ou por outra couza
lhes for penozo trazelos. Porém diante de
peſſoas eſtrãhas tẽhão os eſcapularios com
mantos. As tunicas, ou habitos de fóra, e os
eſcapularios, e mantos não ſejaõ de todo
negros, nem de todo brancos.

Depois q̃ forem pro feſſas tragão por cin-
ta huma córda não curioza; e cubrão ſuas
cá beças com toucas de todo brancas de len-
ço commum, e não ſejão perciozas, nem

                                    curiozas,

curiozas, de maneira ǭ a testa, pescoço, garganta, e queixadas andem cubertas, como convém à sua honestidade, e Religiaõ; e não se attrevão a apparecer de outra maneira diante de pessoas estranhas.

Hão de ter veo negro estendido sobre a cabeça, não preciozo, nem curiozo; mas de tal modo largo, e comprido, que por ambas as partes chegue até as espadoas hum pouco mais abaixo do capelo do habito.

E as Irmans Noviças tragão o veo branco da mesma medida, e qualidade. As Irmãs servidoras tragão hum pano branco, não preciozo, nem curiozo, á maneira de veo sobre a cabeça, de tanta laigura, e comprimento, ǭ possa cubrir as espadoas, e os peitos, principalmente quando sahem fòra,

CAPITULO V.

De como haõ de dormir as Freiras.

Todas as Irmans sans, assim a Abbadeça, como as outras, durmão em hum dormitorio commum, vestidas, e cingidas, e cada huma tenha sua cama apartada das outras; e a cama da Abbadeça esteja em tal lugar, ǭ se commodamente puder ser, possa ver as camas de todas as outras.

Desde a festa da Resurreição do Senhor, até a Natividade da Virgem Nossa

Senhora,

nhora durmão as Irmans depois de comer
até Noa, as que quizerem, mas as que não
quizerem dormir, occupemfe em Oraçaõ,
on na contemplaçaõ Divina, ou em alguns
trabalhos quietos, e foffegados. Poffa cada
hũa dellas ter enxergão de feno, ou palha,
e almofada de lã on de palha, e cobertores
convenientes para a cama. Sempre efteja
huma alampada ardendo de noite on dormitorio.

CAPITULO VI

De como as Irmãs haõ de fazer o Officio Di-
vino.

P Ara pagar ao Senhor o feu Divino
Officio, affim dedia, como de noite,
fe guarde efta forma. As que fabem
ler, e cantar celebrem com madureza, e
honeftidadë os louvores Divinos, confor-
rme o coftume da Ordem dos Frades Meno-
ges. As que não fouberem ler, e cantar; di-
não vinte e quatro Padre Noffos por Mati-
as; p or Laudes cinco; por Pirma, Terça,
Sexta, e Nòa, por cada huma deftas Horas
fete; por Vefporas doze; e por Completas
fete. E efta mefma maneira terão em rezar
o Officio de Noffa Senhora. Pelos de fun-
tos dirão fete vezes o Padre Noffo por Vefporas; e doze por Matinas, em qnanto as

outras, q̃ fabem ler, fazem o Officio de defuntos, Mas as q̃ por cauza racional não puderem algumas vezes rezar fuas Horas lendo, digão-as por Pader noffos, affim como as que não fabem ler.

CAPITULO VII

De quem haõ de receber as Irmans os Eccle-fiafticos Sacramentos.

A Onde as Irmans tiverem proprio Capellaõ para lhes dizer Miffa, e os outros Divinos Officios, feja Religiozo, affim em vida, como em veftidos; e feja de boa fama e não mancebo, mas de madura, e conveniente idade. Mas onde naõ ouver proprio Capellaõ, poffaõ ouvir miffa de qualquer Sacerdote honefto, e de boa fama. O Sacramento da Penitencia, e todos os outros poffaõ receber daqualles, que tem poder de lhos adminiftrar por mandado, e authoridade do Cardeal, aquem efta Ordem he cõmettida; falvo fe alguma eftiveffe pofta em eftreita neceffidade. Quando alguma quizer fallar de confiffaõ ao Sacerdote, fale fó emlocutorio ao Confeffor fó; e ahi fallem então das couzas q̃ pertencem á confiffaõ. Todas fe confeffem ordinariamente ao

menos

menos huma vez cada mez ; e aſſim confeſ-
ſadas recebão o SantiſſimoSacra mento do
Corpo do Senhor em as feſtas ſeguintes;a
ſaber, em o Natal do Senhor, na Purificaçaõ
deNoſſa Senhora; no principio da Quareſma; na Reſurreição do Senhor ; na feſta do
Eſpirito Sãto; na feſta de S. Pedro, e S. Paulo, e de Santa Clara , e de S. Franciſco , e
de todos os Santos. Mas ſe alguma Irmã
eſtiver taõ enferma , q̃ não poſſa cõmodamente chegar ao locutorio , e for neceſſario confeſſarſe , e receber o Corpo do Senhor, ou os outros Sacramentos, o q̃ lhos ha
de adminiſtrar entre veſtido de alva , eſtola,
e manipulo , com dous companheiros Religiozos, e idoneos , ou ao menos hum veſtido de alva, ou ſobre peliz : e aſſim entrem
dentro, e eſtejão , e ſayão veſtidos depois
de ou vida a Confiſſaõ , e a dminiſtrado
outro qualquer Sacramento, e não ſe dila-
tem lá mais tempo . Guardem-ſe tambem,
q̃ em quanto eſtejão dentro, não ſe aparte
hum do outro, de maneira q̃ ſe não poſſaõ
vér livremẽte. E deſta meſma ſorte ſe hajão
na encomendação da alma.

Acerca de fazer as exequias da ſepultura:
não entre o Sacerdote na ciauzura , mas de
fòra na Capella faça o officio q̃ lhe pertence;

ce : mas fe parecer á Abbadeça , e ao Convento , que deva entrar às exequias , entre veftido na fórma fobredita com os companheiros ; e fepultada a de funta, fayaõ-fe logo fem dilaçáo. Porém fe pela fraqueza das Irmans , a Abbadeça , e Convento virem fer neceffario , q̃ entrem alguns a abrir afepultura, e depois a concertala; poffa entrat o Sacerdote , ou outro honefto, e idoneo com hum companheiro, ou dous.

CAPITULO VIII.
Do ferviço das Irmans.

SE algumas Irmans moças , ou outras de mayor idade forem habeis , e de bom engenho, fe à Abbadeça parecer, faça-as aprender canto , e os Officios Divinos, dandolhes para iffo Meftra idonea, e difcreta. As outras Irmans , e fervidoras fejaõ occupadas em o bras proveitozas , e honeftas ; em os lugares , e tempos para iffo ordenados, de tal maneira q̃ lançada fóra a ociozidade inimiga da alma , não extingam o efpirito da Oraçaõ, e devoção , á qual todas as outras couzas devem fervir. Mas porq̃ todas as couzas devem fer commuas a toda a Congregaçáo das Irmãs, á nenhuma

nhuma comvem dizer fer fua a couza; guardem-fe cuidadozamente, que por occaziaõ
das ditas obras , ou pelo falario dellas não
cayam no laço da cabeça, ou propriedade
ou de notavel efpecialidade.

CAPITULO IX.
Do filencio das Irmans.

O Silencio feja de tal modo guardado
entre as Irmans todas continuamenre,
q̃ nem entre fi mefmas, nem cõm ou
tra peffoa poffaõ fallar fem licença, falvo
aquellas aquem for dado officio de Meftras,
ou for mandado fazer algũma obra , q̃ com
filencio fe não poffa fazer. Eftas podem fallar do feu officio , e das couzas , q̃ a elle, e
à obra pertencem em o tempo, lugar, e fórma, q̃ á Abbadeça parecer. As Irmans enfermas, fracas , e as q̃ fervem, podem fallar na
enfermaria por fua recreaçaõ, e ferviço.

Em as feftas dobres dos Apoftolos, e em
alguns outros dias , conforme parecer à
Abbadeça, em certo lugar para ifto finalado,
defde hora Noa até Vefporas, ou em outra
hara conveniente, poffaõ fallar de Noffo
Senhor Jefus Chrifto, ou da prezente folemnidade , ou exeemplos de Santos , e de outras

tras couzas boas, e honeftas. Defde horas
de Completas atè Terça do feguinte dia a
Abbadeça não dè licéça para fallar fem cauza razoavel, folvo ás fervidoras fóra do
Mofteiro. Em todos os outros tempos, e lugares confidere a Abbadeça diligentemente
porq razão, e quando, e em q lugar, e fórma
haja de dar licéça às Irmans para fallarem
de maneira q nã feja relaxada a regular obfer
vancia, a qual conforme parece, procede
do filencio, que he guarda da juftiça.

C A P I T U L O   X.
Da maneira de fallar.

T O das procurem uzar de finaes, e palavras honeftas, e Religiozas; e quando
algunapeffoa Religioza, ou fecular,
ou de qualquer dignidade q feja, procurar
por alguma das Irmans para lhe fallar, feja,
primeiro noticiado á Abbadeça, e fe ella
der licença, a que ha de fallar tenha confi-
g o ao menos outras duas Freiras, q mandará
a Abbadeça, as quaes vejão o que fe falla,
etpoffaó ouvir tudo, o que fe diz. Não fe
arrevão em nenhuma maneira afallar na
ga de, fem que eftejaó prezentes duas Freiras ao menos, nomeadas para iffo pela Abba
deça

ça. Guardem-fe as Irmans, q̃ ouverem "de fallar com alguma peſſoa, q̃ ſenão alargué vámente em palavras ſem proveitos; nem ſe detenhão por largo eſpaço em fallar. De todas univerſalmente ſeja iſto guardado, q̃ quãdo alguma enferma ha de fallar de Cõfiſſaõ ao Sacerdote, dentro ĵ de caza, eſtejão outras duas perzentes, não muy longe, que poſſaõ veɾ o Confeſſor, e a q̃ ſe confeſſa, e ſer tambem viſtas delles. A Abbadeça guarde diligentemente a dita regra em o fallar, para q̃ ſeja a todas tirada a materia de murmuraçáo. ſalvo, q̃ em lugares, e horas competentes poſſa fallar ás Irmans, quãdo lhe parecer q̃ convem.

CAPITULO XI.
Do jejum, & abſtinencia das Irmans.

Todas as Irmans Freiras, e ſervidoras (excepto as enfermas) jejuem continuamente deſde a feſta da Natividade da Glorioza Virgem Maria até a Reſureição do Senhor, tirando os Domingos, e dia de Natal; mas deſde a Reſurreiçaõ do Senhor até a Natividade da Sẽhora ſejão obrigadɐs a jejuar ſó as feſtas feiras.

Outroſi em todo o tempo ſe abſtenhão de
comeɾ

comer carne, falvo as enfermas em tempo
de enfermidade. Com as fraeas pòde difpenfar a Abbadeça, conforme vir ỹ convem
à fua fraqueza. Poffaõ tambem comer ovos,
e queyjo, e couzas deleite, excepto defde
o A dvento até o Nafciméto do Senhór, e
defde a Dominga da Quinquagefima até a
Pafchoa, e nas feftas feiras, e nos jejuns
ordenados pela Santa Madre Igreja. Mas
com as Irmans fervidoras poffa a Abbadeça
difpenfar no dito jejum, excepto no Advento, e feftas feiras: e tambem poffa difpenfar no jejum com as raparigas de pouca
idade, e com as fracas, e velhas conforme
vir conveniente á fua neceffidade. As Irmãs
ỹ forem fans não fejão. obrigadas a jejuar no
tempo em ỹ fe fangrarem, o qual fe acabe
em tres dias; falvo na Quarefma mayor,
feftas feiras, Advento, e nos jejuns ordenados pela Igreja. Guarde-fe a Abbadeça ỹ
não confinta fer feita fangria mais de quat o
vezes no anno, falvo fobrevindo alguma
neceffidade. E naõ recebaõ fangria de peffoa eftranha, mayormente de homem, fe
cómodamente o puderem efcuzar.

CAPITULO XII.
Das Irmans enfermas.

T Enha-fe grãde diligencia, e cuidado das enfermas, cõforme for cõveniẽte, e poſſivel, aſſim nos manjares, q̃ pertencem á enfermidade, como nas outras couzas neceſſarias com fervor de charidade, e ſejão ſervidas muito benigna, e cuidadozamente. As quaes enfermas tenhão cama propria, ſe puder ſer, apartada das outras, para q̃ naõ perturbem, nem impidão o cõcerto dellas,

CAPITULO XIII
Da porta interior do Moſteiro,
e da guarda della.

E M cada Moſteiro haja huma ſô porta para entrar na clauzura, e ſahir della, quando for neceſſario, conforme a ley da entrada, e ſahida poſta na Regra; na qual porta naõ haja poſtigo, nem janella; e ſeja em mais alto, que cõmodamente puder ſer, em modo q̃ ſnbam a ella por eſcada levadiça; a qual atada cõ cadea de ferro da parte

das-

das Freiras eſteja ſempre levantada deſde
ditas Completas., até Prima do diaſeguin-
te; e em quãto dormem de dia, e no tempo
da viſita, ſalvo ſe alguma vez a neceſſidade,
ou manifeſta utilidade pedir outra couza.

Para guardar a dita porta ſeja determinada
alguma das Irmans temente a Deos Noſſo
Senhos, diſcreta, e diligente, e de honeſtos
coſtumes; ſeja tambem de conveniente idade,a qual guarde com tanta diligencia huma
chave deſta porta, que em nenhuma maneira
ſe poſſa abrir, ſempre que ella o ſaiba, ou ſua
companheira: e a Abbadeça guarde outra
chave differente daquella. Eſta porteira
tenha determinada outra companheira, que
em ſufficiencia, e bons coſtumes ſeja ſua
igual, e exercite ſuas vezes, quando ella
por cauza razoavel, ou neceſſaria for auzé-
te, ou occupada.

Guardem-ſe com muito cuidado de terem
a porta aberta, ſenão o menos que puder ſer,
Seja tambem a porta bem guarnecida de
fechaduras de ferro; e nunca ſeja deixada
aberta, nem cerrada ſem guarda; não eſteja por hum ſó momento ſem eſtar fechada com huma chave de dia, e de noite com
duas. Naõ ſe abra logo a porta a quem quer
que chamar, ſalvo, ſe claramente for conhe-

cido fer tal peffoa, a quem fe deva abrir, conforme ao determinado nefta Regra dos que haõ de entrar.

Nenhuma peffoa poffa ahi fallar, falvo a Porteira das couzas, q̃ pertencem ao feu officio. Quando dentro do Mofteiro fe ouver de fazer alguma obra, para a qual feja neceffario entrar feculares, ou outras quaefquer peffoas, preveja a Abbadeça diligentemente, em quanto fe faz á obra, de pôr outra Irmãa conveniente para guardar a porta, a qual de tal modo a abra às peffoas deputadas á dita obra, q̃ em nenhuma maneira permitta entrarem outras; porque todas as Irmans naquella occaziaõ, e fempre fe hão de guardar com grande diligencia, quanto puderem, q̃ naõ fejão viftas de feculares, nem de peffoas eftranhas.

CAPITULO XIV.
Da Roda, ou torno, e guarda della.

E Porq̃ naõ queremos, que efta fe abra para outras couzas, fenão para as que pela roda, ou por outra parte naõ poffaõ commodamente entrar, mandamos, que cada Mofteiro em a parede de fóra, em lugar conveniente, e manifefto à parte exterior

fior fe faça huma roda forte de conveniente
largura, e altura, em tal fórma, q̃ nenhuma peffoa poffa entrar, nem fahir por ella,
pela qual fe provejão, e adminiftrem as
couzas neceffarias, affim de dentro, como
de fóra: e feja feita de tal modo, q̃ ninguem
poffa ver por ella de fóra para dentro, nem
de dentro para fóra.

Seja tambem de cada parte della feita
huma porta pequena, e forte, q̃ com fechaduras efteja fechada de noite, e ao tempo
que dormem de dia, para cuja guarda, e
para q̃ por ella fejão expedidas todas as
couzas neceffarias, ponha a Abbadeça huma Irmãa difcreta de bons coftumes, e de
madura idade, e tal q̃ ame, e zele a honeftidade do Mofteiro; a qual fómente poffa
ahi fallar, e refponder fobre as couzas, q̃
pertencem ao feu officio, ou companheira,
q̃ lhe for affinada, quando ella cómodamente não puder eftar alli. Em efte lugar
nenhuma poffa fallar, falvo fe o locutorio
eftiver occupado, ou algumas vezes por outra couza razoavel, e neceffaria; mas fempre com licença da Abbadeça o que fe faça
muito poucas vezes, conforme o modo de
fallar acima dito.

CA-

CAPITULO XV.

Da porta inferior do Mosteiro.

POrq̃ algumas vezes occorrem taes necessidades, q̃ se não podem despachar pela dita porta, nem pela roda, avemos por bem, que se faça outra porta no Mosteiro em lugar conveniente, por onde possaõ ser metidas, e tiradas as couzas, q̃ forẽ necessarias. A qual porta seja de tal maneira fechada com chaves, e fechaduras de ferro, e de tal modo guarnecida de parede pela parte de fóra, q̃ em nenhuma maneira possa ser aberta, nem possa por alli fallar pessoa alguma. Possa com tudo ser tirada a parede, e abrirse a porta no tempo das ditas necessidades; nem tão pouco se deixe então aberta, senão com guarda fiel, e o menos espaço de tempo, q̃ puder ser. Despedidas as necessidades conforme a dita fórma, torne-se a fechar a porta como de antes com sua chave, fechadura, e parede.

CA-

CAPITULO XVI.
Do lugar para fallar chamado locutorio.

O Lugar commũ para fallar seja feito na Capella, ou para milhor no clauſtro aonde mais proveitoza, e honeſtaméte ſe poſſa fazer; porq̃ ſe por ventura ſe fizeſſe na Capella, cauzaria eſtrondo, e deſaſoſſego às q̃ eſtiveſſem em oraçaõ. Eſte locutorio ſeja de conveniente quantidade, e ſeja de lamina de ferro ſutilmente furado com buraquinhos muito piquenos, e de tal modo pregada com pregos de ferro, que nunca ſe poſſa abrir. Sejão tábem nella poſtos muitos cravos compridos, e agudos pela parte de fóra; e da parte de dentro ſe ponha hum pano negro de linho em tal maneira que as Irmans naõ poſſaõ ver aos de fóra, nem elles a ellas. Em eſte locutorio deſde Cõpletas que ſe haõ de dizer à hora competente, atè prima do dia ſeguinte; e em quanto eſtaõ dormindo no Veraõ, ou comendo, ou em quanto celebraõ o Officio Divino, naõ convèm a alguma fallar, ſalvo por cauza razoavel, e taõ neceſſaria, que comodamente ſe naõ póde dilatar. Mas quando alguma, ou algumas haõ de fallar ahi nos tempos, q̃ lhes ſaõ permittidos,

fallem

fallẽ có modeftia, e madureza, defpidaõ-fe
brevemente, como convem. Aondè ouver
grãde numero de Freiras, façaõ outro locutorio femelhãte a efte, fevirem, ẽ he neceffario.

CAPITULO XVII.
Da grade, e guarda della.

QUeremos, ẽ em a parede, ẽ eftá entre
as Irmans e a Capella, ou Igreja, fe faça huma grade forte de barras de ferro
bem miudas, fegura, e guarnecidas de cravos agudos para a parte de fora; e faça-fe
huma lamina de ferro furada com muitos, e
pequenos buracos, e com cravos agudos,
como fica dito; no meyo defta grade haja
huma porta pequena de ferro, pela qual em
o tempo da fagrada Cómunhaõ poffa fer
metido o Caliz, e o Sacerdote poffa meter
a mão, e adminiftrar ó Sãtiffimo Sacramento
do Corpo do Senhor : efta portinha efteja
fempre fechada com huma chave, e naõ fe
abrirá, fe naõ quando às Irmans fe fizer
Sermaõ, ou para commungarem ; ou fe
acontecer alguma peffoa querer ver alguma
das Irmans parenta fua, ou por outra couza
neceffaria, oque fe faça muito poucas vezes,
e fem-

e sempre com licença da Abbadeça, a qual em nenhum cazo a conceda, tirados os primeiros dous cazos, falvo com confelho do feu Convéto, para cada vez particularmente havido.

Diante da qual grade fe ponha hum pano negro de linho da parte de dentro; em modo q̃ nenhuma poffa por alli ver alguma couza: tenha efta grade da parte das Irmans portas de madeira fechadas com chave, para q̃ eftejáo fempre fechadas, e firmes, e fenaõ abraõ, mais q̃ para o Officio Divino, e quando pelas fobreditas couzas a portinha da grade fe ouver de abrir. Ninguem falle pela grade, falvo quem tiver licença da Abbadeça có cauza razoavel, e neceffaria, e poucas vezes, e entaõ as portas de maneira fe poderàõ abrir. E quando acontecer entrar dentro alguma peffoa eftranha, ou lhes fallar pela grade, cubraõ feu rofto com modeftia, inclinando-fe como convem à modeftia da Religiaõ.

CAPITULO XVIII.
Das pessoas, e em que maneira possaõ entrar no Mosteiro.

Quanto ao entrar no Mosteiro, mandamos firme, e estreitamente, que nenhuma Abbadeça, nem as outras Freiras confintaõ entrar na clauzura interior do
Mosteito pessoa alguma Religioza, ou secu-
lar, ou de qualquer dignidade que seja, nem
possa algum entrar, salvo aquelles, a quem
he concedido pela Sé Apostolica, ou pelo
Cardeal, a quem he cõmetida a Ordẽ destas
Irmãns; e salvo o Medico por cauza de muito grave enfermidade; e o sangrador, quando o pedir a necessidade : os quaes naõ sejaõ
metidos dẽtro senaõ com dous companheiros da familia do Mosteiro; e estando dentro
naõ se apartem huns dos outros.

Assim tãbem possaõ entrar os q̃ a necessidade pedir em perigo de fogo, ou de ruina de
edificio, ou para defeza do Mosteiro, ou de
suas pessoas, e bens, quando alguns inimigos
intentarẽ a fazerlhes violencia; ou para fazer
algũa obra, que fóra do Mosteiro se naõ pòde fazer; os quaes todos acabada a obra, ou
secorrida anecidade sayaõ-se logo sem dilaçaõ

laçaõ. Nenhuma peſſoa eſtranha poſſa comer, ou dormir dentro da clauzura do Moſteiro. Se acontecer vir algum dos Cardeais
da Igreja Romana a algũ Moſteiro deſta ordem, e quizer entrar dentro, as Irmans o recebaõ com reverencia, e devoçaõ, e roguè-
lhe, que entre com poucos companheiros.
Poſſa com tudo o Miniſtro Geral da Ordem
dos Frades Menores, quando ahi quizer celebrar, ou prègar às Irmans, entrar dentro.
com quatro, ou cinco Frades Menores da ſua,
Ordem, quando lhe parecer conveniente.,
Mas outro qualquer Prelado, que de liçença
do Papa, oũ do dito Cardeal, tiver licença.
de entrar, ſeja contéte delevar comſigo dous, ou tres companheiros Religiozos, e honeſtos.

Se por ventura por cauza de cõſecraçaõ, ou
bêçaõ das Irmans, ou por outra cauza for cõ-
cedida a algum Biſpo dizer Miſſa dentro no
Moſteiro, ſeja cótente de levar os mais poucos companheiros, e Miniſtros ỹ puder, oḷỹ
ſe concede muito poucas vezes. Nenhuma
das Irmans enfermas, ou ſans falle com algũa peſſoa das que là entrarem, ſenaõ na maneira ſobredita; iſto ſe guarde em todo
o cazo, que os que tiverem licença, e auto-
toridade de entrar dentro no Moſteiro, naõ
ſejaõ

fejaõ recebidos de outra maneira, falvo fe á
Abbadeça, e ás Irmans parecer conveniente;
porque pelas tais licenças, e conceffoens a
Abbadeça, e as Irmans naõ faõ obrigadas a
recebellos dentro. E fejaõ tais os que entrarem que de fuas palavras, cuftumes, vida, e
habito fejaõ as Irmãs edificadas, e naõ poffa
nafcer diffo materia de jufto efcandalo. E
para tirar toda a duvida, os que ouverem de
entrar dentro do Mofteiro moftrem as letras
da licença da Sé Apoftolica, ou do Cardeal,
que tem à fua conta efta Ordem.

CAPITULO XIX.

De como as Irmans fervidoras haõ de fahir fora.

D As Irmãs fervidoras, que faõ obrigadas
a perpetua clauzura, ifto queremos ĝ
fe guarde eftreitamente, que nenhuma
faya fem licença. E as que faõ mandadas fejaõ de conveniente idade, e guardem madureza, e honeftidade, affim no olhar, como
nos coftumes. Eftas, e quaefquer, que haõ de
fair pelos cazos fobreditos, andem calçadas,
e tàbem podem andar calçadas as que eftaõ
em claufura. Ponhaõ certo termo ás que faem
fóra para tornarem; e a nenhuma dellas feja
con-

concedido , que poſſa comer , ou beber , ou
dormir fòra do Moſteiro ſem licença eſpecial ; nem ſe aparte huma da outra , ně ſalle
alguma dellas com alguma em ſegredo,nem
entre na caza , em que mora o Capellaõ do
Moſteiro , ou os Converſos , e ſe alguma
fizer o contrario, ſeja gravemente caſtigada.
Guardem-ſe de ir a lugares ſuſpeitozos,e de
terem familiaridade com peſſoa de rùim fama ; e quando voltarem para o Moſteiro ,
naõ contem ás Irmans couzas ſeculares , e
ſem proveito, com as quais ſe poſſaõ deſtra-
ir , e preturbar. Todo o temp que eſtiverem
fôra , emtal maneira procurem obrar , que
de ſua converſaçaõ poſſaõ ſer edificados os
que as ouvirem.

CAPITULO XX.
Em que maneira ha de viver o Capellaõ das Irmans, e Converſos.

O Capellaõ, ſe ſe quizer obrigar ao Moſteiro , e os que quizerem ſer Comver-
ſos , ſe parecer à Abbadeça, e ao Convento , paſſado o anno da aprovaçaõ, pro-
metaõ , obedienciaà Abbadeça , fazendo voto de permanecer naquelle lugar ,
e de viver ſem proprio , e em caſtidade. Os

quaes poſſaõ viſtirſe de pano religioſo, e vil,
aſſim no preço, como na côr, conforme o que,
ouverem miſter. As tunicas que trouxerem
ſejaõ ſem capello, cujas mangas ſejaõ cur-
tas, e eſtreitas, ſómente junto das máos, e o
comprimēto da tunica ſeja tal, que naõ chegue ao tornozelo com quatro dedos; mas o
Capellaõ poſſa trazela alguma couza mais
comprida. Por cinto tragaõ huma correa honeſta com huma faca pequena. Sobre as tunicas tragam hum capataõ com capello que
no comprimento chegue pouco abaixo do
joelho; e a largura, que cubra os hombros
até os cotovelos.

O Capellaõ poderà trazer caparaõ, que
naõ ſeja taõ largo, ſe quizer, o qual tambem
ſe poderá veſtir de capa honeſta, ou manto
abrochado a o peſcoço; As tunicas exterio-
res, e o caparaõ, ou capa, ou manto do Capellaõ naõ ſejaõ de todo branco, nem de
todo negro. Durmaõ veſtidos, e naõ uzé de
camizas de linho, tenhaõ çapatos largos, e
altos enlaçados, e tragaõ calças, e panos menores; cortem os cabellos ate as orelhas em
certos tēpos: façaõ o Officio Divino como as
Irmans. Poſſa com tudo a Abbadeça diſpenſar cõ elles no jejum da Regra em tempo de
Veraõ, ou quando andaõ caminho, ou qnan-
do

do tarbalhaõ; ou por outra cauza razoavel, e honefta. O Capellaõ, e os Cóverfos efte-jaõ fujeitos á correiçaõ, e informaçaõ do Vi-fitador, e fejaõ obrigados a obedecer-lhe firmemente em as couzas que pertencem ao officio da vitfia.

CAPITULO XXI.

Do Procurador do Mofteiro, e de feu officio.

EM cada Mofteiro da voffa Ordem ha-ja hum Procurador, homem prudente, e fiel para tratar de feus negocios devidamente, o qual fe ponha, e tire pela Abbadeça, e Convento, como parecer cóve-niente. Efte affim inftituido, feja obrigado adar cóta de todas as couzas a elle cómetti-das, recebidas, e gaftadas, á Abbadeça, e a tres Freiras para ifto deputadas pelo Con-vento, e ao Vifitador, quando tal conta lhe quizer tomar. E naõ poffa vender, trocar, obrigar, ou alhear couza alguma do Moftei-ro fém licença da Abbadeça, e do Conven-to. E qualquer couza que em contrario for feita, determinamos fer nulla, e de neuhũ vigor. Poffa com tudo por cauza licita dar algumas couzas moveis de pouco valor có licença da Abbadeça. Poffa tambem o dito

Procu-

Procurador fer tirado pelo Vifitador, quando vir que convem.

CAPITULO XXII.
Da Abbadeça, e da fua eleiçaõ.

A Eleiçaõ da Abbadeça livremente pertença ao Convento ; mas a confirmação feja feita pello Cardeal, a quem efta Ordem he cõmettida, ou cõ fua authoridade. Tenhaõ as Irmans folicito cuidado de eleger tal Abbadeça, que refplandeça por virtudes, e que prefida mais por fantos coftumes, do que pelo officio, e guarde a fua Communidade com honefta vida, para que provocadas as Irmans com feu exemplo, lhe obedeçaõ mais por amor, que por temor.

Naõ tenha particulares affeiçoés, para que amando humas, naõ crie efcandalo em todas. Confole as affligidas, focorra as tribuladas, para que faltando nella os remedios faudaveis, naõ cayaõ as fracas em defefp eraçaõ. Vifite, e caftigue fuas Irmans com humildade, e caridade, naõ lhes mandando coufa alguma, que feja contra fua alma, e voffa Regra. Naõ feja ligeira em pôr obedi encia, para que pela indifcrição do manda to naõ ponha laço de peccado ás al-

mas. A qual depois que receber a confirma-
çaõ, todo o tempo que durar o officio, todas
as Irmans, e familia fóra do Mosteiro obedeçaõ, o que lhes mandar diligentemente.

A Abbadeça seja obrigada a chamar a ca-
-pitulo a suas Irmans huma vez ao menos cada somana para sua admoestaçaõ, ordem,
e reformaçaõ; aonde lhe imponha as penitencias com mizericordia, conforme as culpas publicas, e negligencias commuas: e
trate com as Irmans as cauzas, que se offerecer serem necessarias para proveito, e honeftidade do Mosteiro; porque muitas vezes
revela o Senhor o melhor ao menor. Naõ
faça a Abbadeça alguma divida grave, e pezada senaõ por maõ do Procurador com có-
sentimento das Irmans, e havendo manifesta
necessidade. A Abbadeça dê conta do que
ouver recebido, e gastado huma vez em tres
mezes diante da Cómunidade, ou ao menos
diante de quatro Irmans para isto sinaládas
pela Communidade. Ella ordene os officios
do Mosteiro, e dê conselho, e consentimen-
to da Communidade, ou mayor parte della;
faça guardar o sello do Convento, conforme
o que pela Communidade for ordenado, em
cuja presença, ou da mayor parte faça selar
as cartas, e papeis, que da parte da Cómunidade

nidade fe ouverem de mandar, depois que
forem lidos diante de todas, e approvados
em Capitulo.

Nenhuma Irmã mande, ou receba cartas
fem que primeiro as veja a Abbadeça, ou
outra pefloa para iffo deputada. Ponha a Abbadeça diligencia em reconciliar as Irmans,
quando acontecer por alguma cauzá, ou oc-
cafião a ver entre ellas differença. Mas a Irmã que por palavra, ou por obra der occa-
fião-a outra de perturbação, ou efcandalo,
logo antes que offereça a Deos, pedindo
perdaõ à Irmã, que offendeo, fe poftre em
terra diante dellá, pedindólhe que rogue
ao Senhor por ella, para que lhe feja perdoada a culpa, que commetteo; e a Irmã offen-
dida perdoe logo a injuria à que lhe pede
perdaõ, lembrando-fe da palavra do Senhor
que diz: fe naõ perdoareis de todo voffo coraçaõ, naõ vos perdoarà voffo Pay Celeftial.

Admoeftamos a todas as Irmans em Noffo Senhor JESU Chrifto q̃ fe guardem de
toda a foberba, vangloria, enveja, avaréza,
e de todo o cuidado, e difvelo defte mundo, e de toda a detração, murmuração, dif-
cordia, e divifaõ, e de todo o vicio, pelo
qual poffaõ defagradar aos olhos de feu
Efpozo, mas fejaõ mui cuidadofas diante de
Deos

Deos de guardar pureza interior, e exterior em todas as coufas, e de ter entre fi concordia, e uniaõ de amor, o qual he vinculo da perfeiçaõ; para que fundadas, e firmadas affim em caridade, poffaõ entrar com as Virgens prudentes ás vodas do Cordeiro fem macula Noffo Senhor JESU Chrifto.

CAPITULO XXIII.
Que nenhuma Irmã và à Corte Romana peffoalmente.

P Ara evitar os difcurfos inuteis, mandamos em virtude de fanta obediencia e fobpena de excómunhaõ, na qual incorraõ pelo mefmo cafo, as que o contrario fizerem, ou naõ obedecerem, que nenhuma Abbadeça, ou Freira, ou fervidora por qualquer neceffidade que feja, và peffoalmente à Sè Apoftolica, falvo fe para iffo tiverem expreffas letras do Summo Pontifice, ou do dito Cardeal, pelas quaes lhe feja dada efpecial licença tirando fómente as fervidoras dos Mofteiros dos lugares, aonde eftiver prefente a Igreja Romana, em quanto ahi refidir.

C

CAPITULO XXIV.
Do Visitador, e seu officio.

OS Mosteiros desta Religiaõ sejaõ visitados ao menos huma vez cada anno pelos Visitadores, os quais recebaõ para isso authoridade, e fórma do Cardeal, a quem a vossa Ordem for encomendada pela Sé Apostolica. E para isso se há de procurar com muito cuidado, que o que ouver de ser instituido do Visitador geral, ou algumas vezes especial em algum lugar, seja tal, que de sua Religioza vida, e costumes haja certa, e inteira segurança. O qual entrando em algum Mosteiro, se haja de tal maneira, e se mostre em tudo, que provoque, e inflame a todas no amor Divino, e a terem caridade entre si mesmas. E quando entrar na clauzura do Mosteiro a visitar, leve comsigo dous companheiros Religiozos, e idoneos, os quais estéjaõ sempre juntos, e em quanto estiverem dentro nunca se aparte hũ do outro.

A O Visitador lida primeiro á Regra, e declarada, receba o sello da Abbadeça; o qual ella seja obrigada a dar, e pedir livremente ser absolta do officio de Abbadeça; a qual se fe naõ puder; ou naõ quizer guardar, e levar a vida cõmua das outras, feja abfolta, e tirada do governo, falvo fe fua continuaçaõ no officio naõ foffe prejudicial, mas neceffaria, ou manifeftamente proveitoza ao Mofteiro. Tambem feja tirada por effe mefmo Vifitador, fe naõ for idonea, ou fufficiente para governar o Convento, e ifto fe faça conforme a fórma, e maneira que o dito Vifitador receber de Cardeal. O qual Vifitador faça diligente inquiriçaõ da verdáde fobre o eftado da Abbadeça, e das Irmans, e da guarda da fuaReligiaõ; e ifto geralmente a todas, e particularmente a cada huma. E aonde achar algumá couza digna de caftigo, e reforma, com zelo de charidade, e amor da juftiça a caftigue, e reforme, affim na Abbadeça, como nas Freiras, affim como vir que convem.

O peccado, ou exceffo, que for caftigado huma vez pelo Vifitador, naõ feja outra vez caftigado. E fe fe lhe offerecer alguma couza tal, que por fi fó a naõ poffa emendar, leve-a ao Superior, para que a caftigue, como pertence a feu confelho, e mandamé-to. Guarde-fe a Abbadeça, que por fua parte, ou das Irmans naõ efconda couza alguma do eftado do feu Mofteiro ao Vifitador, por-

que

que feria ruim exemplo, e offenfa digna de fer gravemente caftigada. E alem difto queremos, e mandamos, que as couzas que virem fer dignas de emendar, e pôr em ordem conforme a fòrma da fua vida, e obfervancia regular, as digaõ, e porponhaõ ao Vifitador em publico, ou em fegredo, como melhor lhes parecer; ao qual fejaõ obrigadas a obedecer firmemente em todas as couzas, que pertencem ao officio da fua vifita, e a que o contrario fizer, affim a Abbadeça, como qualquer das outras, feja caftigada como he rezaõ.

Todas as Irmans cõ a Abbadeça fe guardem, e confiderem diligentemente, que fó o amor Divino, e a emmenda de fuas Irmans, e reforma do Mofteiro as mova a fallar. O Vifitador guarde o modo de fallar acima pofto, convem a faber, que falle com todas, ou com muitas juntas, ou fecretamente com huma eftando outras prezentes, ao menos duas, affentadas naõ muito longe, que os vejaõ, para que fe guarde inteiramente boa fama; falvo fe quizer fallar no locutorio com huma, ou com muitas das couzas, que pertencem ao feu officio.

O mefmo Vifitador vifite ao Capellaõ, e aos Converfos, e aos outros da familia exterior

terior do Mofteiro , e caftigue , e reforme , o que vir fer digno de caftigo , e reformaçaõ, pondolhes penitencia conforme a qualidade, e gravidade da culpa ; ou lançando-os perpetuamente do Mofteiro ; e aos profeſſos mandando-os a outros Mofteiros , ou a outras Ordens , conforme vir que convem.

Para que os Mofteiros naõ fejaõ moleftados com muitos gaftos , e o Vifitador poſſa fer livre de todo o final de fufpeita , queremos totalmente , que o Vifitador fe defpida o mais cedo que puder do officio da ſua vifita , e que fe efcuze de entrar na clauzura o mais que puder , fem que feu officio receba detrimento.

C A P I T U L O XXV.
Do Cardeal deſta Religiaõ.

P Ara que por falta de governo certo, naõ aconteça daqui em diante, apartarvos da guarda deſta Regra, e fórma acima efcrita, a qual em todo o lugar queremos, e mandamos que feja guardada de todas, e para que naõ fejais differentes em diverfos modos de viver, commentamos o cuidado, e governo de voſſa Ordem , e das peſſoas della , a faber Capellaõ, Converfos , e familiares a N. Cardeal, Governador , Protector,

e Corrector

e Corrector da Ordem dos Frades Menores.
E ordenamos que daqui em diáte hajais de
permanecer debaixo da fua obediencia,
cuidado governo, e dos outros Cardeais, que
ao diáte foré deputados pela Sé Apoftolica
para governo, amparo, e correiçaõ dos Frades Menores. Aos quaes Cardeais fejaõ o-
brigadas firmeménte, os quaes tendo folicito cuidado de voffas almas, procurem vifitar perfi, ou por outras peffoas idoneas os
Mofteiros, e peffoas que nelles vivem, Capellaens, Converffos, e familiares, quando
lhes parecer que convem; caftigando, e re-
formando affim na cabeça, como nos membros as couzas, que ouverem mifter caftigo,
ou reforma. Item ponhaõ, e tirem officiaes,
ordenem, e façaõ Eftatutos, e difponhaõ affim como em Deos conhecerem, que cõvem.

CAPITULO XXVI.
Que a Regra naõ feja defprezada das Irmans.

PAra ꝗ vos poffais ver nefta Regra, ou fórma de vida, como em efpelho, e por ef-
quecimento naõ fejais negligentes em alguma couza, fejavos lida huma vez de quinze em quinze dias: e quando achardes, que
pondes

pondes por obra as couzas, que nelle eſtaõ
eſcritas, day graças a Déos, que dá todos
os bens : e a que vir que desfalece em alguma couza, tenha dor do paſſado, e guarde-ſe
do futuro, pedindo ao Senhor que lhe ſeja
perdoada a culpa, e que dahi por diante naõ
ſeja vencida da tentaçaõ.

A ningem ſeja licita quebrantar eſtas letras de noſſa Conſtituiçaõ, Conceſſaõ, Con-
firmaçaõ, e abſolviçaõ, ou temerariamente
prezuma ir contra ella : e ſe alguem iſſo in-
tentar fazer, ſaiba que incorrerà na indignaçaõ de Deos todo pederozo, e de ſeus Apoſ-
tollos S. Pedro, e S. Paulo. Dadas em Civita-
velha a 18. de Outubro, no terceiro anno do
noſſo Pontificado.

EXPLI-

EXPLICAC,AM DA SEGUNDA
Regra da Inclita fundadora dos Palacios da pobreza, e fecundiffima Virgem a Senhora Santa Clara, dada por Urbano IV.

CAPITULO UNICO.

Da origem, e principio defta Regra, e moti-
vos, que teve o Summo Pontifice Urba-
no IV. para fazella.

SEndo Summo Pontifice Urbano IV. eleito no anno de 1261. a 28. de Setembro, e Protector da Ordem dos Frades Menores, e da de Santa Clara o Cardeal João Cayetano do titulo de S. Niculao, que depois foi Summo Pontifice com o nome de Niculao III. e fempre amantiffimo Pay, e Protector deftas Seraphicas Ordens, pela Summa devoção que tinha a feus fundadores. Confiderando pois o fobredito Cardeal, que ... eiras de Santa Clara, a cuja protecção eftavaõ entregues, tinhaõ feito differentes profiffoes, e votos em diverfos Convétos, debaixo de varias Regras; porque humas profeffavaõ a Primeira Regra, que o Patriarcha

cha Seraphico deu a Santa Clara, que fegundo a opiniaõ de alguns conftava de cento e
tres preceitos de pecado mortal; outras profeffavaõ Regra, que fez Innocencio IV. fuppofto efta durou pouco, porque chegando
á noticia de Santa Clara, recorreo logo ao
Summo Pontifice, pedindolhe a revogaffe,
pois a fizera movido das frivolas informaço-
ens de algumas Freiras, e Preladas tibias de
efpirito: e pouco zelofas da pobreza evangelica, em que o feu Santo Patriarcha as funda-
ra. Ouve fobre ifto muitas difputas, e con-
tendas, mas vendo com muita atençaõ o Sãto Pontifice o zelo, e razoens da Santa Fundadora, ouve por bem confirmarlhe a fua primeira Regra, e revogar a fegunda, que tinha
feito. (Miranda vida de Santa Clara fol.
122.) Com tudo confiderando o Cardeal
Protector, que a dita primeira Regra de Santa Clara, pela fua muita afpereza naõ era
facil guardarfe, fem muitos defeitos na fua
obfervancia, e fegundo a prudencia humana fe naõ poderia confervar fem rendas, por
terem crecido muito em numero as Freiras,
e os Conventos, e as efmolas diminuindo-fe,
recorreo ao Santo Pontifice Urbano IV. pedindolhe ouveffe por bem dar ás Freiras outra Regra, menos rigoroza que a primeiaa.
Con-

Condéfcédeo o Papa com a fua fupplica, en-
tendendo que era melhor darlhes carga com
que todas pudeffem, do que deixarlhes pezo
com que as fracas tropeçaffem. E affim tirá-
do o que lhe pareceo mais acertado da primeira Regra de Santa Clara, e da fegunda, q̃
ordenou Innocencio IV. e acrecentando outras couzas, que julgou ferem convenientes
á reforma, fegundo a variedade dos tempos,
fez huma terceira Regra, que hoje fe guarda com o titulo de fegunda Regra de Santa
Clara, porque fuppofto foffe terceira como
de Innocencio IV. logo fe revogou, fó da primeira dada por Noffo Padre Saõ Francifco,
e defta fegunda fe fez efpecial mençaõ, nem
fabemos que as Freiras de Santa Clara, profeffem hoje outra Regra fenaõ, ou a primeira, ou efta dada por Urbano IV.

Andou o decurfo do tempo, fendo Saõ
Joaõ de Capriftano Vigario geral de toda a
Ordem, e vendo que as Freiras da primeira
Regra fe julgavaõ, gravadas com cento e tres
preceitos de peccado mortal na fuá Regra
recorreo ao Santo Pontifice Eugenio IV. para q̃ lhes moderaffe o rigor deftes precitos,
o que elle benignamente fez explicandolhe
a Regra, e decretando que naõ queria as obri-
gaffe a peccado mortal, mais do que o que

                                    foffe

fóſſe concernente aos quatro votos : Obediencia, Pobreza, Caſtidade, Clauſura, e a
injuſta eleiçaõ e depóſiçaõ da Abbadeça, cujo teor do Breve porei aqui traduzido de Latim em Portuguez, para que as Freiras, e os
Confeſſores que as governaõ tenhaõ delle
noticia, e ſaibaõ differençar o que hé, ou
naõ he peccado na tranſgreſſaõ da ſua Regra.

Eugenio, &c. (ſegue-ſe a força, do Breve)
Alêm diſto como na Regra de Santa Clara,
ſe mande guardar jejum perpetuo, o que nos
parece muito rigorozo, prazenos, e queremos, que as ſobreditas, e as Terceiras, e as
Irmans das outras Ordens unicamente ſejaõ
obrigadas áquelles jejuns, a que os Frades
da Ordem dos Menores eſtaõ obrigados pela
ſua Regra, e nos comeres quareſmais guardem a meſma fórma que elles, excepto as
fracas, e enfermas ; porém nos outros jejuns
como ſaõ as quatro temporas, Vigilias dos
Apóſtolos, e outros ſemelhantes, ſe guarde o
coſtume das terras, ſegundo o qual lhes ſeja
licito comer ovos, e lacticinios. E tambem
como nos Moſteiros das Irmans, ou Terceiras andem deſcalças com os pés nús, o que
julgamos muito rigorozo, prazenos, e queremos, que as Irmans, ou Terceiras poſſaõ
trazer aquillo que ſe naõ julga calçado, v.g.

ſocos

focos de pao, e fandalhas, e tambem calçado quando for cóveniente. Item como em alguns Conventos, ugares, e Congregaçoéns
fe lhes junte filencio perpetuo, o que he
muito rigurozo, a ti, e aos teus fuceffores no
officio, e aos Vigarios das Provincias a vós
fujeitas, com o parecer dos difcretos tanto
nos comeres, como em outros quaefquer
preceitos, e filencio fobredito concedemos
faculdade de difpenfar. Alem difto, como
o amado filho Frei João de Capriftano teu
predeceffor no officio de Vigario geral de
clarou que na primeira Regra da Beata Clara fe continhaõ cento e tres preceitos regulares, em cuja tranfgreffaõ as Freiras, ou Irmans profeffas incorriaõ em pecado mortal,
o que julgamos muito duro, e perigozo: por
authoridade, e teor das prezentes declara-
mos, e queremos que em nenhuma tranfgreffaõ das fobreditas couzas, mais do que daquellas que refpeitaõ aos principais votos,
convem a faber, da obediencia, Pobreza,
Caftidade, e clauzura, e fobre a eleiçaõ de
Abbadeça, e de pofiçaõ, incorraõ em peccado mortal.

.. Efta he a força do Breve de Eugenio IV.
em que declarou os preceitos da Regra, que
obrigaõ ao pecado mortal a todas as Freiras
fujei-

fujeitas ao regimen dos Frades Menores ;. q̃ o gora iremos individuando na Regra das Urbanas , por fer a que profeſſaõ quaſi todas as filhas de Santa Clara ; cuja explicaçaõ he como fe fegue.

EM NOME DO SENHOR COMEC,A
a Regra das Freiras de Santa Clara.

Todas as que deixada a vaidade do mũdo qui-
zerem entrar, e prefeverar na voſſa Religiaõ,

§. I:

E Ste primeiro Capitulo contém em ſi os quatro votos que as Freiras profeſ-faõ , de obediencia , Pobreza , Caſtidade , e Clauzura , e logo nas primeiras palavras com que Sua Santidade o efcreve , acho huma circunſtancia digna de todo o reparo ; diz que toda a peſſoa que quizer entrar , ou to-mar efta fòrma de vida Religioza. Suppoem aqui o Papa , que a que quizer fer Religioza, ha de fer muito por fua livre vontade , e naõ violentada de outrem , porque fe vier conf-trágida, naõ he poſſivel guardar os preceitos da Regra , e fervir mais de efcandalo , do que

que de edificaçaõ aõ mundo, e ao Convento;
A ifto attédeo o Confilio Tridentino feff.,
25. Cap. 18. e por iffo poz pena de excõmunhaõ a toda a peffoa que violentaffe a vontade de alguma mulher que foffe Religioza,
e a todos os que para iffo deffem confelho,
favor, e ajuda, e aos que fabendo-o fe achaf-
fem prezentes ao tomar do habito, ou ao
fazer da profiffaõ, ou interpuzeffem para iffo
feu confentimento, e authoridade. E a mefma excõmunhaõ poem aos que impe lirem
fem caufa a algũa peffoa a que feja Religiofa
tendo vocaçaõ, e efpirito de fello. Com que
peccaràõ mortalmente, e incorreràõ nefta
cenfura os Prelados, ou Preladas que aceita-
rèm para noviça, ou profeffarem áquella que
fouberem que vem violentada por feus pays,
ou por outra qualquer peffoa a fer Religioza,
e da mefma forte as Freiras que lhe daõ o voto para fello, pois niffo daõ o confentimento,
favor, e auxilio, para que tome o habito, e
profeffe, prohibido pelo Concilio.

Naõ prohibe o Concilio, que fe aconfelhe a
qualquer peffoa, a q̃ tome o eftado Religiozo, indicandolhe os perigos da falvaçaõ
que tem q̃ vive entre os labyrintos do mũdo, e as cõveniencias efpirituais, e aindã temporais que lograõ os que vivem na Religiaõ;
　　　　　　　　　　　　　　　　antes

antes ferá hum acto de muito merecimento,
pois o naõ póde aver mais heroico doque co-
oparar com Deos para falvaçaõ das almas,
diz Saõ Dionyfio. Mas que o confelho feja
meritorio,e naõ viciozo,lhes devem explicar
finceramente os exercicios efpirituais, que
fe fazem no Convento, o mais, ou menos a-
bundante com que a Communidade affifte a
os feus Subditos, pois encobrir a penuria dos
Conventos, faz que muitas entrem nelles enganadas, e depois confervando-fe por hum
puro capricho,vivem em huma continua def-
confolaçaõ, e faudade do mundo, e com
grande detrimento das fuas almas, e do Convento, no efcandalo com que eftas commũmente vivem por pouco obfervantes de fua
Regra.

§. II.
Da Obediencia.

O Primeiro voto a que fe obrigaõ as Religiozas pela profiffaõ he o voto da O-
bediencia, primeiro na ordem, e primeiro na
excelencia. Primeiro na excelencia, porque
por elle fe confagra a vontade a Deos, que
he a potencia mais nobre entre as putencias
da alma; ou porque pelo voto da Caftidade
fe re-

se renunciaõ as delicias do corpo, e pelo voto da Pobreza as riquezas do mundo, que tudo he de infrior qualidade aos bens da alma,
que renunciaõ na vontade que se consagra a
Deos no voto da Obediencia, e por isso entre os tres votos este he o mais excellente,
e de mayor agrado de Deos, diz Santo Tho-
mas 2. quest. 186.

    Por este voto se obrigaõ as Freiras a obe-
decer em tudo o que mandarem os Prelados,
segundo a Regra, e Constituiçaõ da Ordem
ou sejaõ ahi declaradas explicitamente. Ex-
plicito se diz aquillo, que a Regra, ou Constituiçaõ declaraõ por palavras expressas, como v.g. que as Freiras vistaõ de estamenha,
que jejuem em tal, e tal dia. Implicito se diz
aquillo q̃ he necessario para a Regra se guardar commodamente, ainda que nella se naõ
declare. E assim se a Abbadeça mãdar a alguma Freira, que jejue algum dia fóra dos assi-
gnados na Regra, ou que faça alguma mortificaçaõ em castigo de algum delito, está
obrigada a obedecer, pois he isto util, e necessario para a melhor observaçaõ da Regra,
e por isso ainda que na Regra se naõ expres-
se, suppoem-se como necessario para sua
guarda. He doutrina commũa, como se póde ver em Mastr. de Theolog. Mor. desp.

Daqui se infere, que naõ estaõ obrigadas as Freitas a obedecer aos Prelados, quando lhes mandaõ fazer alguma couza, que seja contra a sua alma, ou a sua Regra, ou Estatutos: v.g. se lhes mandarem fazer alguma couza, que seja peccado mortal, ou venial, como he dizer huma mentira grave, ou leve; ou que o contrario esteja expressado na Regra, ou Estatutos. E acrescenta Portel. verb. Obediencia, que tambem naõ estaõ obrigadas a obedecer, se lhes mandarem fazer alguma couza, que seja gravemente nociva à sua saude, ou credito; porque a conservaçaõ da vida, e fama he de direito natural, que precede a todo o direito positivo: donde naõ estaraõ obrigadas a obedecer, se lhes mandarem fazer alguma penitencia extraordinaria, de que com evidencia se prezuma enfermarem gravemente; ou se lhes mandarem se naõ defendaõ de hum testemunho grave, que lhes levantaõ.

Com tudo se adverte, que ainda que neste cazos naõ estejaõ obrigadas a obedecer, poderaõ obedecer se quizerem, cedendo ao direito natural, porque supposto ninguem possa ser directamente homicida de si, ou prodigo da sua fama, póde sello indirectamente, a a fim de cõseguir alguma virtude; e o q aqui attende, ou intende o Subdito directamente, faõ as virtudes da Obediencia, paciencia, homildade, e só de consequente, ou indirectè se seguirà a morte, ou infamia; assim lemos o fizeraõ muitos Santos pela sua profunda humildade.

Quando o Prelado manda alguma couza, que seja contra a Regra, ou Estatutos, em que elle póde dispensar, està o Subdito obrigado a obedecer, porque supposta a dispensa com justa cauza, já deixa de ser contra a Regra; e assim deve de obedecer-se estando mal disposta a Freira em hum dia de jejum lhe mandar a Prelada que naõ jejue, ou que naõ reze o Officio Divino, sé estiver com alguma grave occupaçaõ. E sempre em tal cazo deve obedecer, ainda que duvide se a cauza he racionavel, e sufficiente para a dispensa, porque a dispensa em cazo de duvida a faz sufficiente para obra sem escrupulo; antes em cazo de duvida sempre se ha de estar pela resoluçaõ do Prelado, como ensina com outros muitos Felix Potestas tom. 1. parte 2. n. 2066. E os Prelados da Ordem, avendo cauza racionavel, podem dispensar em toda a Regra, excepto os votos essenciaes, como ensina com outros Mastr. citado n. 24.

Nenhu*

Nenhuma Freira eſtá obrigada por força
do voto a obedecer naquellas couzas, que
ſaõ àlem da Regra, como ſaõ aquellas que
nem ſe contèm na Regra, nem ſaõ neceſſarias para a ſua guarda: v.g. ſe lhes mandaſſem os Prelados que levantaſſem huma palha do chaõ, ou levantaſſem o dedo para o
ar, ou outras couzas ſemelhantes. E a razaõ
he; porque o Subdito ſó promete obedecer
ao que ſe contèm na Regra, ou he neceſſario
para ſua guarda; e o levantar huma palha
do chaõ, ou o dedo para o ar, ſaõ humas couzas inuteis, e impertinentes, que nem ſaõ
preceitos da Regra, nem para a ſua guarda
neceſſarias.

Se obedecer neſtas, e outras materias ſemelhantes cegamente, poſto que naõ eſteja
pela Regra obrigada, fará hum acto heroico de virtude, pois diz Saõ Bernardo que
o verdadeiro obediente naõ attende ao fim
porqne ſe manda, mas ſó cuida em executar
o preceito da ebediencia. Aļdonde Santo
Thomás 2.2.q.104. art.5. diſtingue tres modos de Obediencia: huma indiſcreta, outra
imperfeita, ainda que ſufficiente, outra perfeitiſſima. A obediencia indiſcreta, he quando o Subdito obedecer em cauzas illicitas
contra a ley de Deos, ou a ſua profiſſaõ. A

imperfeita, mas fufficiente, he quando fó
obedece nas couzas a que pela Regra, ou
Eftatutos eftá obrigado. A perfeitiffima, he
quando cegamente fe obedece a tudo o que
não he contra a ley de Deos, e a fua profiffaõ,
e ainda fazendo as couzas minimas, que entende defeja o Prelado que fe façaõ, antes de
lha mandar fazer.

Algumas Regras, como a dos Frades Menores, e a dos P. P. da Companhia mandaõ
que os Frades obedeçaõ aos Prelados em tudo o que naõ for contra a ley de Deos, e a fua
Regra; mas ifto, diz Maftrio, fe deve entender fegundo a perfeiçaõ da Obediencia,
em quanto os Religiozos tem obrigaçaõ de
caminhar à perfeiçaõ da vida efpiritual, e
naõ fegundo a obrigoçaõ do voto. Affim N.
P. S. Francifco para provar o efpirito de alguns Noviços, lhes mandava plãtaffem as
couves na horta com a rais para cima; e os
P.P. antigos do ermo em femelhantes couzas a eftas exercitavaõ os feus Monges, para
os aperfeiçoar na virtude da obediencia.

Difficulta-fe agora, quando peccará mortalmente a Freira, ou qualquer Subdito em
defobedecer aos feus Prelados? Refpondo
com a opiniaõ commua, que quando elles
mandaõ por fanta obediencia, em virtude do
Efpi-

Eſpirito Santo, com pena de excōmunhaō, ou outras palavras ſemelhantes, porque entaō ſe entende que elles querem obrigar com força de peccado mortal; que de outra ſorte mandado, ſerà peccado venial o naō o obedecer; diz Policio; nem ſe deve crer que os Prelados ſēdo pays, querem onerar ſem muita cauza as conciencias dos Subditos com culpas graves.

Deve-ſe advertir, que neſtes preceitos como em outros ha parvidade de materia, e por iſſo ſe naō pecca logo mortalmente ſe ſe falta ao preceito em couza leve: v.g. mandaō os Prelados por ſanta obediencia que as Freiras naō fallem na grade da Igreja, ſuccedeo que ahi déſſe huma, ou duas palavras, ou reſpondeſſe a huma pregunta, naō ſe ha de julgar que peccou mortalmente, porque a deſobediencia foi em cauza leve.

Difficulta-ſe ſegundo, ſe peccará mortalmente o Subdito em deſobedecer, quando o que ſe lhe manda por ſanta obediencia he de materia leve: v.g. ſe lhe mandarem por ſanta obediencia, que naō diga eſta, ou aquella palavra jocoza, que naō diga huma mentira leve? Reſpondo que naō; porque a tal materia como de ſua natureza he leve, naō póde em ſi incluir culpa grave; aſſim o enſi-

naō

naõ commummente os DD. com Maſtr. acima citado n.26.

Porém ſe a materia leve ſe mandaſſe por
hum motivo grave, entaõ o deſobedecer ſeria peccado mortal. V. g. ſe lhe mandaſſem
por ſanta obediencia, que naõ diſſeſſe eſta,
ou aquella palavra jucoza a eſta, ou áquella
Freira, porque de a ouvir ſe ſente muito, porque neſſe cazo o ſummo diſgoſto
que lhe cauza ouvilla faz que ella paſſe de
materia leve a grave. O meſmo ſeria ſe lhe
mandaſſem que naõ chegaſſe a tal janela do
dormitorio ſobpena de excommunhaõ; que
naõ uzem de trazer diches, fitas, ou outras
couzas ſemelhantes nos habitos, porque iſto que em ſi parece pouco, ou nada, vem a
ſer principio de muitas relaxaçoens na vida
regular.

E quando os Prelados mandaõ com eſtas
penas, ſempre devemos de entender tem para iſſo motivos graves, pois para o ſeu governo ſaõ aſſiſtidos do Eſpirito Santo; aſſim o
enſina com outros muitos o Padre Avallos. E finalmente a Regra geral, que os DD.
aſſinaõ para ſe conhecer quando o Subdito
deſobedecendo pecca mortal, ou venialmé-
te, ſe deve tomar da vontade do Prelado, q̃
quer obrigue a mayor, ou menor culpa, e ſe
                                    o naõ

o naõ declara , fe regula pela gravidade da
materia , e pelas palavras cõm que o manda
como fica dito.

Alguns preceitos ha. que faõ meramente
penaes , e naõ obrigaõ a culpa , mas unicamente á pena taxada pela ley. V.g. manda o
Eſtatuto , que a Freira que fizer tal couza,
farà eſta , ou aquella penitencia ; deve fazella , mas fe a naõ fizer , naõ pecca, nem ainda
venialmente , porque naõ eſtà obrigada a fazella debaixo de culpa. Mas fe o Prelado,
ou Prelada advertindo-o lha mádar fazer, ja
entaõ peccarà fe a naõ fizer , pela defobedi-
encia que niſſo commette. Feliz Poteſt. tom.
1.parte 2.n.2069.

Pecca-fe tambem mortalmente contra o
voto da obediencia pelo defprezo da ley ,
diz Santo Thomás 2. 2.q.186. ad 3. E ainda
que alguns AA.diſſeraõ , que eſte defprezo
fe dava, quando o Subdito quebrantava as leys com frequencia , eſta opiniaõ me naõ parece muy provavel ; porque a frequencia de
peccar naõ induz defprezo formal da ley ,
mas só difpofitivé , e o contrario he enlaçar
as conciencias. Digo pois, que fe o Subdito
quebrantar huma ley , ainda que feja leve,
pela ter por couza irrizoria , ou naõ quizer
obedecer ao Prelado , só porque elle lho mã-

D 4 ço

ço nos annos, ou menos nobre no feculo, ou
porque o julga idio.a, ou mal procedido, ou
abfolutaméte porque naõ quer obedecer, entaõ averà defprezo formal, e ainda que o preceito feja de couza leve, peccará gravemente, porque ao Subdito naõ lhe toca examinar as qualidades do Prelado, mas fó obedecer, como quem nelle ouve a Dees.

Poderá o Prelado caftigar ao que com frequencia quebrantar huma ley por defpreza-
dor della, porq̃ da frequencia do peccar fe
póde no foro externo prefumir defprezo da
ley, mas no foro da conciencia naõ fe deve
julgar peccado de defprezo, fe fó pecca por
mizeria humana, diz com outros muitos Felix Potef. citado n. 2071.

Nenhum Subdito eftá obrigado por força
do voto da Obediencia a fazer, o que fabe defeja o Prelado que elle faça, em quanto elle
lho naõ mandar fazer, porque a vontade do
Prelado naõ té rezaõ de preceito em quanto
naõ for intimada. Nem tampouco eftara o-
brigado a fazer, o que o Prelado lhe poem
como confelho, pois o confelho, como indi-
ca a etymologia do feu nome, naõ o briga
a couza alguma.

Por conclufaõ fe difficulta, as Abbadeças,
eas Vigarias em fua aufécia fejaõ verdadeiras
Prela-

Preladas, e potfaõ mandar em virtude de S.
Obedidncia ás fuas Subditas, em tal maneira, que obrigue o feu preceito a pecado mortal, como obriga a dos Prelados das Religioens, naõ fó no governo politico, e temporal, mas nas couzas efprituaes ? No que toca
ao governo politico, e temporal nenhum Author duvida, que os feus preceitos obrigaõ
em materia grave a peccado mortal. Se poffaõ mandar, em virtude de Santa Obediencia, em nome de Chrifto, ou em virtude do
Efpirito Santo, como quem tem jurifdiçaõ
efpiritual nos feus fubditos, he queftam entre os Autores. A parte affirmativa tem Mei-
phi, Caftro Palao, Rodrig. e outros muitos,
e efta julgo mais provavel, porque he fem
duvida que o officio da Abbadeça he officio
Ecclefiaftico, em que fe comete fimonia
comprando-fe; o que naõ fora; fenaõ tivera
annexa jurifdiçaõ efpiritual; e finalmente nas
mãos da Abbadeça fazem as Freiras a fua
profiffaõ, e abfolutamente lhe prometem
obediencia: quem nifto tiver algum efcrupulo, veja Felix Poteft. tom. 1. p. 1. n. 201.
ufque n. 212.

Só aqui lembro ás Madres Abbadeças, o
que lhes advte o Summo Pontifce no Capitulo 22. defta Regra: que naõ fejaõ ligei-

ligeiras em pôr preceitos de obediencia às
Freiras, porque pela indiscriçaõ do mádato
naõ gravem as conciencias com culpas. E
verdadeiramente que he este hum confelho
dictado pelo Espirito Santo, porque fendo
os Prelados faceis em mandar por fanta obe-
diécia, os menos temétes a Deos a defprezaõ,
e os timoratos andaõ cheyos de efcrupulos:
uzem de penas temporais, que com ellas
evitando estes inconvenientes, feráõ mais
bem obfervados òs feus preceitos, pois mais fe vence a fragilidade humana com o temor do castigo temporal, do que com as
penas efpirituais, e eternas.

§. III.
Da pobreza.

A Inda que o voto da Obediencia feja ó
mais nobre pelo feu objecto, he o da
Pobreza mais util para a prefeiçaõ da vida
efpiritual; affim fe collige do que por Saõ
Matheos nos enfinou Christo : (Cap.19.)
*Si vis perfectus, esse vade, & vende omnia
quæ habis, & da pauperibus* : que quem qui-
zeffe fer perfeito, fizeffe huma total renuncia das couzas que poffuiffe do mund o, pois
como ninguem póde fervir bem a dous fe-
nhores

nhores, naõ he poſſivel que traga o ſétido em
Deos, e aproveitamento eſpiritual, quem
traz o cuidado nas riquezas do mundo; aſſim
diſſe Saõ Paulo, que a raiz de todos os males era a ambiçaõ das couzas terrenas: *Radix*
omnium malorum cupiditas. (Epiſt. 1. ad
Timot.6.) e pelo contrario o principio de
todas as felicidades eſpirituaes he a renuncia
das riquezas mundanas. He o voto da Pobreza o mais difficil de obſervar na vida Religioza, pois por elle ſe nos manda, e nós
promettemos de viver ſem ter de noſſo a minima couza propria.

E aſſim para melhor intelligencia, avemos
de preſuppor com o cómum dos Theologos,
que a pobreza he em tres maneiras : Pobreza
de eſpirito, Pobreza, do corpo, Pobreza do
corpo, e eſpirito. A pobreza de eſpirito tem
aquelles, q̃ naõ ſaõ ambicioſos, mas vivẽ cõté-
tes com o q̃ Deos lhes dà, e iſto de tal ſorte o
lograõ, que ſe o perdeſſem, naõ teriaõ diſſo o minimo ſentimento; eſta podẽ ter ainda os que mais abundaõ nas couzas do mundo; aſſim a tinha o Santo Jobe, que ſendo hum
Princepe dos mais ricos, e poderoſos que tinha o Oriente, privando-o Deos hum dia
repentinamente de quanto lograva, taõ con-
tente ficou com a perdiçaõ, como o eſtava
com-

com a poffe dos feus bens : *Dominus de-
dit* , *Dominus abftulit* , *fit nomen Domini
benedictum*.(Job.1.21.) Os pobres do corpo
faõ os mendigos , que faõ pobres ; porque
naõ podem fer ricos , e chama-fe a fua pobreza neceffaria, porque neceffaria , e for-
çofamente a padecem. Os pobres de efpirito , e corpo faõ os que nem tem , nem
defejaõ ter do mundo alguma couza , antes o que tem o renunciaõ por amor de
Deos ; e efta he a pobreza voluntaria , e
evangelica das peffoas Religiozas.

Entre as Religioens com tulo ha differença , porque humas profeffaõ pobreza fó
em particular , outras em particular , e em
commum como faõ os Frades Menores. As
que profeffaõ pobreza fó em particular ,
podem ter rendas em commum , mas naõ
as podem ter os particulares, (excepto nos
cazos que adiante apontamos) e neftes cazos fempre o dominio ha de fer do Convento , e fó o uzo do particular , porque
o voto da pobreza priva de todo o dominio
das couzas temporaes , e fó concede hum
fimplez uzo , que he como o do pe-
regrino , que entrando a hofpedar-fe em
huma caza, come o que lhe daõ , e fe def-
pede todas as vezes que o mandaõ , fem
                                    ter

ter direito para fe queixar , nem poder tirar , ou dar do que fe lhe poem na meza
fem licença de feu dono , fem que feja
eftranhado.

As Freiras Claras, que guardaõ a primeira Regra, fuppofto que por difpenfaçaõ poffaõ ter rendas em commuin, naõ as podem
obrigar a iffo por privilegio de Innocencio IV. E ás Freiras particulares defte inf-
tituto lhes prohibem as fuas Conftituiçoens Cap. 4. ter tenças , ou peculio, quando o Convento tem com que lhes affiftir
fegundo a decencia do feu eftado , aliás
lho manda por confelho. Ifto fuppofto.

Refolve-fe primeiramente , que nenhuma Religioza de qualquer Ordem que feja,
por força do voto da pobreza, que profeffa , póde ter alguma couza de que feja fe-
nhora, ou em que tenha dominio ; nem
pòde pedir, receber, ou dar couza alguma
fem licença tacita, ou expreffa dos feus Prelados , e fe o fizer , peccarà mortalmente
peccado de facrilegio contar o voto, (fe a
naõ efcuzar a parvidade de materia, como
adianre fe dirà) porque nas tais acçoens
moftra hum acto de propriedade, que pelo voto naõ pòde ter ; e quando dà , cò-
mete hum acto de furto, dando o que he

Id2

da Religiaõ, e naõ feu.

Licença expreffa fe diz aquella, que o Prelado concede, quando fe lhe chega a pedir. Licença tacita, ou prefunta, que he o mefmo, fe diz aquella, que eu prefumo o Prelado me diria, fe eu chegaffe a pedila; e entaõ fe prefume que a ha, quando a licença he jufta, e quem a avia de pedir peffoa benemerita, e o Prelado benigno em concedela. Mas deve-fe de advertir, que os Prelados como naõ faõ mais que huns puros, e fieis adminiftradores, naõ podem dar licença para ter, ou dar couza, que exceda defordenada, e affim fe a derem, he nulla; antes peccaráõ ambos, o Prelado em abuzar de feu officio, e o fubdito em ter ou dar o que naõ póde, fegundo a Regra que profeffa Maftr. citado difp. 14. q. 1. art. 5. n. 45. com o commum dos Doutores.

E fe alguem duvidar, fe baftará qualquer deftas licenças tacita, ou expreffa para huma Freira dar, ou gaftar o que tem: digo que fim, falvo o Prelado, ou a ley mandarem que o naõ façaõ fem licença expreffa, que entaõ naõ baftará a tacita, diz Portel. Affim mandaõ os Eftatutos das Freiras fujeitas aos Frades Menores Cap. 5. tit. da Pobreza,

za, que para ellas gaſtarem o dinheiro das
tenças, logrão com licença dos Prelados
tenhão licença expreſſa; e para gaſtarem
as demais couzas que poſſuem, ſó dizem
que tenhão licença do Prelado, ou Abbadeça; com que ſegundo eſta doutrina para gaſtar o dinheiro das tenças, he neceſſario ſempre licença expreſſa.

Com tudo, Donato, Santo Thomás, Rodrig., e outros, a quem cita, e ſegue Felix Poteſt. tom. 1. p. 2. n. 1039. dizem, que
em qualquer cazo baſtará no foro da conciencia licença tacita, porque em direito
tacito, e expreſſo ſe julga a meſma virtude: *Taciti, & expreſſi eadem eſt virtus;* e
ſó no foro externo a poderáõ caſtigar, ſe
gaſtar o tal dinheiro ſem licença expreſſa,
mas nem por iſſo peccará gaſtando-o com
a tacita. E tambem adverte o meſmo Author n. 1038. que a licença de hum Prelado
ſempre dura, em quanto o ſeu ſucceſſor
a naõ revogar, porque a graça naõ expira
pela morte, ou termo do officio do que a
conceder.

Se as Freiras podem ter tenças, ou peculio?

REfpondo , que fuppofto por direito Cap. Cum ad monafterium. & cap. Mo-nachi , e pelo Concilio Trid. Seff. 25. feja prohibido a toda a peffoa Religioza , Fra-des , e Freiras , ter tenças , ou peculio, com tudo affentaõ os Autores uniformemente, que naquelles Conventos onde fe naõ vivè do commum ; affiftindo os Prelados com o neceffario aos Subditos , affim para o fuf-tento , Iveftiaria, enfermidades, como para tudo o mais que he neceffario à decencia do feu eftado, ou feja pela pobreza do Con-vento, ou pela má difpofiçaõ dos Prelados, podem os Subditos ter tenças , ou pecu-lios ; porque os preceitos da Igreja naõ obri-gaõ com huma moral impoffibilidade, e quã-do a Igreja prohibio as tenças, e peculios, era na fuppofiçaõ que os Prelados aviaõ de affiftir aos Subditos com tudo o neceffa-rio, fegundo o feu eftado, e fe elles faltaõ, o direito natural lhes permite bufquem , e tenhaõ com que confervem a vida , e a decencia do feu eftado, pois em toda a oca-fiaõ concede o direito natural o que a natu-reza naõ efcufa. Valencia , Lezana , e he
com-

cómũ com Maſt.diſP.14. quæſt.1.art.5.n.42.

Mas para que as tenças, e peculios ſejaõ licitos devem concorrer muitas circunſtancias. Primeira que ſejaõ moderados, e conformes ao eſtado, e neceſſidade Religioza, e ſe deve advertir,que eſta naõ he igual em todos, porque huns ſaõ mais achacados que outros, e neceſſitaõ de mais ;, outros eſtaõ em terras onde as couzas ſaõ mais caras,e nas Freiras,ſe deve atender às peſſoas que tem a ſeu cuidado, e aos officios da communidade, em que por coſtume fazem gaſtos, uteis ao convento,como bem diſcorre Felix Poteſt. citado n. 1073. &c. E adverte eſte Autor, que,a neceſſidade, e uzo naõ ſe ha de tomar em ſentido muito rigorofo; poſto que Urbano 8.e Innocencio XII.digaõ que haõ de ſer os uzos moderados, por que os Religiozos ſaõ filhos e ſe haõ de tratar com a decécia de tais enaõ com a penuria de eſcravos, que a lias ſeria onerar muito as conciencias, e fazer pezado o eſtado Religiozo, dizendo Chriſto que he ſuave : *Iugum meum ſuave eſt & onus leve* (S, Mat.11.)

A Segunda circunſtancia, que conheçaõ que o dominio deſtas tenças, e peculios ou ſejaõ dados por eſmola de algum bemfeitor ou adqueridos pelo ſeu travalho, totalmente

E te

te he do Convento , por aquella Regra de direito , que o Religiozo tudo o que adquire
he do Convento, que elles naõ tem ahi mais
que o fimplez uzo por permiffaõ dos Prela-
dos.E affim devem eftar com animo prompto
de o largarem aos Prelados , todas as vezes
que lho pedirem, para o incorporarẽ no Convento. Mas adverte-fe aos Prelados , que de
nenhuma forte devem tirar as tenças,e peculios moderados aos Subditos , falvo fe obri-
garem a remediarlhes pontualmente as fuas
neceffidades, vivendo do commum, pois nos
enfina Saõ Paulo ad Corint. 6. que nem tudo
o que he licito convem : *Omnia mibilicént;*
fed non omnia expediunt; e do contrario fe fe-
guiriam muitos abfurdos nos Subditos, com-
metendo muitos actos de propriadade , em
efconder o que tiveffem dos Prelados.

A terceira condiçaõ he, que tenhaõ o dinheiro na maõ da depofitaria commũa do
Convento, efpecialmente onde ha preceito
diffo; como o tem as Freiras Claras nas fuas
Cõftituiçoens Cap. 10.e todas as que eftaõ fujeitas ao Regimen dos Frades Menores, aliàs
fe fazem proprietarias. Porém fe ouveffe de
gaftar o dinheiro que recebeo dentro em
tres,ou quatro dias, bem o poderà ter na cella
com licença tacita da Prelada, que aliàs feria
                                        morti-

mortificarſe muito a ſi e á depoſitaria , por
cujo reſpeito , e pela parvidade do tempo ſe
ſupoem que os Prelados o averaõ por bem ,
que neſtes cazos tem lugar a Epicheya , que
he moderadora das leys. E ſe ouver alguma
cauza racionavel para naõ ter o dinheiro na
maõ da depoſitaria commũa , com o temor
que ſabendo-ſe lho pediráõ empreſtado,e lhe
faltará na ocaziaõ de remediar a ſua naceſſidade,ou outra ſemelhante,poderá com licença da Prelada depoſitalo na maõ de huma a-
miga fiel,diz Felix Poteſt.citado n.1079. mas
ſempre com cautela, que ſe naõ eſcandalize a
depoſitaria,julgando a tem por menos fiel de
que naſcem preturbaçoẽs nas Cõmunidades.

A quarta condiçam he, que ha de ſer
para gaſtalo com licença tacita ; ou expreſſa
em couzas neceſſarias, e honeſtas , e naõ ſu-
perfluas. Neceſſario ſe diz aquilo, ſem o qual
commodamente ſe naõ póde viver, como he
o ſuſtento , veſtidos, medicinas , alfayas da
cella,ſegũdo o eſtado Religiozo. Honeſto,he
aquillo , que inclina para alguma virtude , ou
acto de piedade , v.g. o culto Divino , eſmo-
las , fazer celebrar Miſſas , diz Felix Poteſt.
citado n. 1076. Superfluo , he uzar de veſtidos interiores cuſtoſos , ou guarniçoens deſ-
neceſſarias , ou de habitos mais finos doqne

a Regra, e Conftituiçoens permitem : fazer pintar as cellas com pinturas cuftozas, ter nellas contadores, cadeiras, cortinados ricos, baixellas de prata, e outras couzas femelhátes, parao que os Prelados naõ podem dar licença, por fer contra o voto da pobreza, e Confil. Trid. *Mobilium vero ufum ita fuperiores permittant, ut eorum fupellex ftatui paupertatis, quem profeffi funt, conveniat, nilque fuperflui ea fit.* As Conftituiçoens das Freiras Claras lhes mandaõ no Cap, 5. que nas cellas naõ tenhaõ mais do que huma Cruz de pao, e huma Imagem.

Vejam pois os Prelados como diffimulaõ ifto, pois nos Convétos ha algumas cellas; que fe naõ diftinguem dos efcritorios, gabinetes, e toucadores das fenhoras mais ricas, e vaidofas do mundo, devendo aver tanta differença, quanta vay de hum pobre a hum rico, quanta de huma Religioza humilde, que rrenunciou as vaidades do mundo por amor de JESU Chrifto, a huma fecular vaidofa, que fó cuida nas fuas eftimaçoens, e regalos. Nas Chronicas de Saõ Jeronymo cap. 43. fe efcreve, que nos feus principios vifitavaõ os Prelados amiudo as cellas, é fe achavaõ nellas alguma couza curiofa, e defneceffaria ao uzo moderado do Religiofo fe juntavaõ

tavaõ todos em Capitulo, e fazédohuã fugeira
o queimavaõ, dizendo aquelles Santos Religiozos, que aquellas couzinhas eraõ Ido-
los, em que os Frades adoravaõ, com injuria, e eſtrago da ſanta pobreza; mas por iſſo entaõ floreciaõ as Religioens com tantos
Santos.

Temaõ pois os Prelados, que naõ zelaõ
a ſanta pobreza, o rigoroſo juizo de Deos
que os eſpera em o dia final da ſua conta,
onde todos o haõ de chorar ſem remedio,
os Prelados por deſſimularem, e naõ puni-
rem aos tranſgreſſores deſte preceito, ou
voto, e os ſubditos pelo naõ guardarem. E
lembrem-ſe as Religiozas, que ſaõ Eſpo-
ſas de hũ Senhor que por ſeu amor naſceo em
humas pobres palhas em hum Preſepio,
viveo pobre, e pobre e ſpirou nú em a taboa
de huma Cruz, naõ ſe deſprezem de o imi-
tarem. Conſiderem a pobreza, a que volũ-
tariamente ſe obrigaõ; que he deſgraça, que
podendo eſtas Senhoras gozar no mundo
com boa conciencia muitas riquezas, e uzar
de grandes fauſtos, venhaõ à caza de Deos
perder-ſe por humas couzas de bem pouca
ſubſtancia, e ſe ſe naõ acommodaõ com eſta
vida, para iſto lhes dá a Religiaõ o anno de
noviciado, em que ſe podem arrepender, e

mudar

mudar de eſtado.

Se as Freiras podem dar alguma couza?

PRohibido he por direito atodas aspeſſo-as Religiozas,aſſim Frades,como Freiras o dar alguma couza, naõ ſó a peſſoas fóra da Ordem, mas ainda entreſi. Cap. Nõ dicatis 12 quæſt. 1. Cap. Monachi, &c, com tudo Urbano 8. na ſua Bulla *Nuper* paſſada no anno de 1640. explicando, e moderando as Bullas de ſeus anteceſſores, declarou, que eſtas dadivas ſe entendiaõ das que eraõ vans, e meramente gratuitas naſcidas de liberalidade, mas naõ das que incluiaõ em ſi algum acto de virtude; e aſſim concedeo, que com licença dos Prelados locaes, pudeſſem dar alguma couſa moderada por algum fim honeſto.

Por cuja conceſſaõ podem os Prelados, e os ſubditos com ſua licença,dar alguma couza por modo de remuneraçaõ de algum ſerviço, ou gratificaçaõ de algum beneficio, e ainda para liſongear alguma peſſoa, de quem eſperaõ algum favor, porque a gratificaçaõ he virtude devida por direito natural; e adverte Diana parte 1. tr. 6. reſol. 16. que a gratificaçaõ de ſi pede, que exceda o valor

valor do que fe recebeo, e affim o pòde exceder na quarta parte ; com que álem do jufto falario poderàõ dar alguma couza aos Letrados, e procuradores das fuas cauzas, aos Miniftros , Medicos , e Confeffores , pois affim os obrigaõ, para que com mais vontade, e paciencia as firvaõ. Felix Poteft. citado n.1015.

Por efmola podem dar os Prelados do que fobeja nos Conventos, e os fubditos com licença dos Prelados , das fuas tenças , e peculios, efpecialmente aos parentes pobres, naõ para os os enriquecer, mas para remediarlhe as fuas neceffidades , pois he efmola entre todas a mais heroica virtude. Antes adverte Manoel Rodr. in Sum. parte 2. Cap. 33. n.5. que naõ devem fer os Religiozos efcrupulofos em dar efmolas, pois o eftado Religiozo nos termos da fua puffibilidade naõ fe izenta de dar efmolas, e he efta a virtude do mayor agrado de Deos.

Em quanto á quantidade das dadivas , faõ varias as opinioens dos Authores ; porque o direito as naõ taxa , mais que em dizer fejaõ moderadas. Por razaõ de efmola diz Donato tom. 3. tr. 15. q.36. Maftr. difp. 14. n.45. citando outros muitos, que poderà huma Religioza com licença da Abbadeça dar os redditos

ditos todos da sua tença , ou peculio
aos parentes pobres, naõ para os enriquécer,
que isto involve em si vaidade , mas para remediarlhes as necessidades , pois diz Urbano
8. que as dadivas haõ de ser discretas , e ho-
nestas, e a discriçaõ da esmola he medila pela necessidade ; assim disse o Emperador Justi-
niano fallando da esmola: *In bis , mensura est
immensitas:* que a medida da esmola he naõ
ter medida.

Por gratificaçaõ , e benevolencia dizem
huns Authores,que poderáõ dar todos os annos até dez cruzados , outros até doze , outros atè quinze ; outros , dous , ou tres cruzados cada mez. Ita apud Felix Potest. citado n. 1008.O certo he,que estas dadivas naõ
tem regra certa , mais que a prudencia , que
deve attender ao beneficio recebido, ao estado Religiozo , e pobreza que professa quem
as dá para que a correspondencia sempre seja
muy comedida , e Religioza, pois naõ só do
contrario se escandelizaõ os seculares , prudentes , doutos , e timoratos , mas a Igreja, q̃
he a direita Senhora dos bens Ecclesiasticos,
o prohibe , e assim diz o Pontifice , que sejaõ as dadivas discretas , e moderadas ; e o
contrario he culpa com obrigaçaõ de o re-
stituir, que nem os Prelados, nem toda a Religiaõ

ligiaõ podem perdoar, cómo diz o méfmo
Pontif. pois naõ faõ mais que huns puros
adminiftradores.

E fuppofto Mendo in Epitom.verb.pauper-
tatis votum n. 5. Diana, e outros que cita, e
fegue Felix Poteft. n.1005. diga que a Freira que gaftou as fobras da fua tença, ou peculio em donativos, naõ eftà obrïgada, nem
quem os recebe, á reftituiçaõ, fundados em
que naõ fazem dano ao Convento, por eftar
ifto já applicado ao feu uzo, naõ julgo efta
opiniaõ muy fegura, porque Clemente naõ
fó attendia ná fua prohibiçaõ; como amefma
Bulla expreffa á deftruiçaõ dos bens do Cóvento .mas tambem à confervaçaõ do voto
da pobreza, e difciplina regular, como adverte o mefmo Felix n. 991. e fe o peculio
for grande; e as dadivas muitas, naõ fe com-
padece ifto bem com o voto da pobreza, e
com a vontade do Pontifice; que quer fejaõ
as dadivas moderadas, e affim entendo fe deve reftituiçaõ, pois he fem duvida que a deve, quem dá alguma couza contra a vontade
de feu Senhor; e aqui fe moftra que a dà
contra a vontade do Pontifice. Se as dadivas
forem efmolas na fórma acima dita, entaõ
tem a fua opiniaõ fundamento, que como
a efmola he huma virtude muy unica para
o a gra

o agrado de Deos, e a fua difcriçaõ fe regula pela neceſſidade do pobre, que ordinariamente faõ muitas; fe póde prefumir o averá o Pontifice por bem.

Qual feja a quantidade, que conftitua peccado mortal nefta materia de dar fem licença dos Prelados, ou com a licença que elles naõ podem conceder? Alguns Authores ha que apertaõ ifto tanto, que affirmaõ naõ aver niſſo parvidade de materia, e affim tudo he peccado mortal ainda no dar as couzas minimas. Efta opiniaõ fe naõ deve feguir, pois he meter as conciencias em hum labyrinto de éfcrupulos. O certo he que neftas dadivas ha parvidade de materia. Frey Martinho Rebelo, Navarro, Sanch. e outros que cita, e fegue Machado tom. 2. lib. 5. parte 2. tr. 1. doĉtr. 4. dizem, que em quanto naõ exceder o valor de dous toftoens, he materia leve, e affim fó peccado venial.

Mas fe eftas quantidades leves fe repetirem muitas vezes, em chegando a materia grave, ferà peccado mortal; fuppofto que para féllo fe requer mayor quantidade; fédo por dadivas miudas, do que dado por huma vez. Efta mayor quantidade dizem alguns Authores com Felix Poteft. n. 2621. ǭ ha de fer mayor ámetade: v.g. fe o dar junto

to

to hum cruzado he peccado grave , dado
por vezes he neceffario feis toftoens. E tambem fe requer que entre huma, e outra da-
diva fe naõ meta muito tempo,para que fe
poffaõ unir a fazer culpa grave ; efta interpolaçaõ de tempo dizem huns que ha de fer
hum anno , outros que feis mezes , outros
hum mez , outros quinze dias, e affim fique á prudencia do Confeffor inquirir à facilidade, ou menos efcrupulo de quem dá ,
e o involuntario mais, ou menos dos Prelados para que fe dê.

Attendaõ por reverencia de Deos as Religiozas que gaftaõ as fuas tenças, ou peculios em mandar prefentes a peffoas com
quem tem tratos efcandalofos , ou fe naõ
faõ efcandalofos, lhos mandaõ puramente
por vaidade , que como os Prelados lhe naõ
podem dar para iffo licença, o devem reftituir à Religiaõ, ou fem remedio conde-
nar-fe ; e que fem reftituiçaõ as naõ podem
abfolver , nem a quem recebe eftas dadivas
como diz o Papa : *Quod fi ab aliquo parti-*
culari Religiofo. five ab univerfo ordine quid-
quam receperint fuum non faciant , verum
ipfo facto abfque alia monitione judicis , ad
illius reftitutionem omnino in utroque foro
teniantur , adeo ut reftitutione ipfa realiter

non

*non facta, nec etiam in foro confcientiæ abfol-
vi poffint.*

O modò de reftituir, he tornalo a pedir a
quem o deraõ, e quando por alguma impoffibilidade moral o naõ poffaõ fazer, o devem reftituir gaftando menos á Cómunidade,
fervindo-a mais do que faõ obrigadas, como
enfinaõ os Authores. As Religiozas pois que
tem tenças, ou peculio, e quizerem fegurar a fua falvaçaõ, e confeguir o premio da
fanta pobreza, que prometeraõ guardar,
guardem hum uzo em todas as couzas taõ
moderado, cómo fe foraõ pobres por neceffidade; e fe derem alguma couza. feja na
fórma que fica explicado, e o demais
gaftemno no Convento, ou no culto Divi-
nó à difpofiçaõ dos Prélados.

Se as Freiras podem tomar alguma couza do Convento?

A Freira que toma alguma couza da Cómunidade em materia grave, pecca
mortalmente, falvo tiver precifa neceffidade de alguma couza, como habito, fuftento, e medicamétos, e fe pedindo-o á Prelada ella a naõ remedea podendo, porque neffe
cazo fe recompenfa do que fe lhe deve de
juft

juſtiça. Torrecilla tom.1. dãs Conſul. Mor.
tr.3. Conſul. 4. e ainda que a Abbadeça ſe
moſtre niſſo involuntaria, he irracionavel-
mente.

Em quãto ao q̃ ſeja quãtidade notavel, ſaõ
varias as opinioens; a mais commũa, e provavel he, que ha de ſer elte furto regulado
pelo dos filhos familias; que vem a ſer du-
plicada materia, da que no furto dos eſtra-
nhos conſtitue peccado grave;e aſſim ſe haõ
de conſiderar as mayores, ou menores rendas do Convento, o numero das Freiras delle,
porque a gravidade da culpa em materia de
furto ſe mede pela gravidade do dano, que
cauſa. Baſſeo tom. 1. verbo furtum 2.n.6.

Adverte-ſe que os furtos das couzas co-
meſtiveis miudos nunca facilmente fazem
culpa grave, aſſim porque eſtes furtos naõ
ſe unem entre ſi a conſtituir culpa mortal,
como porque os Prelados naõ ſaõ, ou naõ
devem ſer involuntarios em ſemelhantes materias para os ſeus Subditos. pois a meſma
razaõ dicta que os naõ haõ de tratar com
menos amor do que os Pays a ſeus filhos,
nem devem ſer menos liberaes do pattimo-
nio de Chriſto, que naõ adquiriraõ com o ſeu
trabalho, nem o herdaraõ de ſeus parentes,
mas lho commetteo a Religiaõ para o admi-
niſtra-

niftraré em utilidade caritativa de feus fubditos

A Freira que occulta algũa couza, (ainda q̃
feja das que tem com licença) para que a
naõ veja a Prelada, com animo de a naõ dar,
ainda que lha peça, eftá proprietaria. Porém
naõ o eftará, fe fó a efconder por fer alguma
couza indecente ao feu eftado, e a efconde
por temer que vendo-a a Prelada, a caftigue,
ou reprehenda gravemente : he opiniaõ có-
mũa com Mendo lib. 6. Cap. 2. n. 25.

A Freira que tem a fua tença em frutos,
pòde vendelos , para do feu preço remediar
as fuas neceffidades , como tambem as obras
que faz por fuas mãos , porque ifto naõ he
a negociaçaõ prohidida em direito ás peffoas Religiozas , mas huma fimplez com-
pra , e venda. As Freiras da primeira Regra
de Santa Clara fe lhes manda nos feus Eftatutos Cap. 4. da pobreza , que todas as obras
que fizerem , as entreguem á Madre Abbadeça , para que difponha dellas o que for mais
conveniente á Communidade, pois efta lhe
affifte com o neceffario á fua peffoa.

Ultimamente fe adverte , que as Freiras
por fua morte naõ podem difpor nada do
que tem a feu uzo, porque ifto fora teftar,
o que lhes he prohibido , por fer contra o
voto

da pobreza. Mas fe tiver vontade de deixar alguma couza das fuas alfayas por amor, ou remuneraçaõ a alguma Freira, ou parante, ou mandar dizer algumas Miſſas pella fuà alma, manifefte o feu defejo á Prelada, fujeitando-fe fempre á fua võtade, paraque faça o que quizer; e a Prelada cuide muito em naõ faltar à confolaçaõ, e honefta vontade da fua fubdita, porque do contrario fe podem feguir muitas ruinas à fua alma, dando occultamente, e fem licença, o que naõ póde.

§. IV.

Do voto da Caftidade.

A Intelligencia defte terceiro voto fe explica em poucas palávras, ainda que em muitas, ou muitos paragrafos fenaõ póde explicar a fealdade da íua tranfgreſſaõ; pois fe naõ ha palavras com que encarecer à infamia, e ingratidaõ de huma mulher ꝗ fendo humilde por nacimento, a elegeſſe hum Rey para fua efpoza, e ella faltando à fé de tal adulteraſſe com hum efcravo de Palacio; como fe explicará bem o adulterio, que comete huma Religioza, quando offende efte voto, pois fendo huma vil creatura

por

por effencia, chegou a lograr a ventura, de que aelegeffe para fua efpoza o mefmo Deos Senhor dos Ceos, e da terra?

Obriga efte voto a naõ cometer acto algum venereo, e affim todo aquelle penfamento, palavra, ou obra que em huma peffoa fol-teira he culpa, o he tambem nas Religiozas, com o additamento da circunftancia de fa-crilegio.

O quanto Deos fiata eftas culpas nas Reli-giozas, o poderáõ ver no que efcreve a V. Maria de la Antigua Freira Converfa de S. Clara em hum livro que compoz ditado pe-lo mefmo Deos, diz ella em livro 5.Cap.12. fol.199. que eftando em oraçaõ rogando a Deos com muitas lagrimas, perdoaffe a cer-ta Religioza oter eftado na grade, affiftin-do a huma peffoa fecular,com quem fetrata-va,lhe a parecera Chrifto S.N. o fobláte mui-to trifte,corendolhe da cabeça muitas gotas de fangue fallandolhe lhe differa: Venho filha enxugarte as lagrimas, que tu por meu a morderramas, mas quero que tambem tume-enxugues eftas de fangue, que me correm da cabeça, cauzadas das offenfas, que ho-je me fez effa ingrata, e adultra efpofa, por quem merogas; os demais Catholicos faõ membros do meu corpo, porem as Re-ligiozas

Religiozas dedicadas ao meu culto, faõ gri-
naldas com que adorno a minha cabeça, por
iffo as fuas culpas faõ para mim efpinhos
mais agudos, do que aquelles com que os
Farizêos me trefpaffaraõ a cabeça.

, Què mal confideraõ as Religiozas, que
efquecidas do feu eftado frequentaõ as grades com affiftencias efcandalozas, a dor
que cauzaõ a feu Divino Efpozo, e o gofto
que daõ ao Demonio. Correndo o grande
Patriarcha dos Prégadores N. P. S. Domingos hum dia com o Demonio ás officinas de
certo Convento de Freiras, inquirindo delle o fruto que tirava de cada huma dellas,
quando chegou à grade diffe o Demonio:
Hic locus totus meus eft: Todo efte lugar he
meu. (*legenda de B. Dominido* 108. jactou-fe
o Demonio de que todo o lugar das grades
foffe feu, fem duvida porque as Freiras que
nellas affiftem com efcandalos, vivem ja
como encarceradas da fua maõ, para ferem
fuas efcravas eternamente.

-E quaes fejaõ os caftigos que as efperaõ
em o dia final da fua conta, os poderáõ
ler no livro acima citado da V. Maria de la
Antigua fol. 31. onde diz, que fendo eleva-
da em hum extafi, vira a Judas no mais
profundo do infermo, e que ahi fervia de por-

teiro ao carcere em que eſtavaõ as peſſoas
Religiozas, e foi tal o temor que lhe cau-
zaraõ os tormentos, que ahi lhes vio padecer, que tres dias ficou lançando ſangue
pelos narizes, e boca. Deos por ſua bondade immenſa abra os olhos às Religiozas,
que vivem com eſtes deſcuidos, para que temaõ, e tremaõ do rigurozo juizo de Deos ǵ as
eſpera, pois devendo ſer as que aviaõ de dar
exemplo ao mundo, ſaõ as que mais o eſ-
candalizaõ com as correſpondencias, que
tem com elle.

Se huma ſenhora deſtas (ſe he que merece o titulo de ſenhora, huma eſcrava de
brutaes appetites) em caza de ſeus pays eſ-
crevera a alguem huma carta amatoria,
fora o ludibrio das mulheres, e cauzara a
ſeus parentes a mayor infamia : e que naõ
tenha pejo de o fazer na caza de Deos! Iſto
he o que admira : là no mundo ſe alguma
mulher dezamparada de Deos, e cega da
ſua mizeria, intentou algum delito contra
a ſua honeſtidade, eſtuda todas as caute-
las para que ſe lhe naõ ſonhe ; e ſe ſe deſ-
cuidou a dizer alguma palavra menos mo-
deſta, logo o rubor da face teſtemunha o
ſeu pejo : e nos Conventos ſe faz tanta gala deſtes delitos, como ſe fora circunſtancia

cia neceſlaria para a perfeiçaõ do ſeu eſtado.

Algumas querem palear eſtes tratos, e correſpondencias, com dizer que he ſó hum entretinimento, e galanteyo, como ſe naõ podem livrar do eſcandalo, que dam para que dentro, e fóra de caza, ſempre eſtaõ em mau eſtado incapazes de abſolviçaõ. Vejaõ os Reverendos Padres Confeſſores as muitas Bullas Apoſtolicas, que a aſte fim tem deſpedido os SS. Pontifices, o que a eſte reſpeito mandaõ as Conſtituiçoens da Ordem Cap. 7. da caſtidade, para que abſolvendo as que tem eſtas correſpondencias, ſe naõ condenem com ellas a huma eternidade de penas, pois da ſua omiſſaõ, ou ignorancia nace o naõ pezarem eſtas tais a gravidade de ſuas culpas, e o continuarem nellas com tanto eſcandalo do mundo, e perigo da ſua ſavaçaõ.

E advirtaõ os Prelados, que diſſimulaõ eſtes eſcandalos, e as Preladas que daõ grades para peſſoas de ſuſpeita, que todas eſtas culpas haõ de pagar como proprias no tribunal Divino. E finalmente conſiderem as Freiras que tem eſtes tratos, que ſe Deos agora as ſofre, e diſſimula pelas virtudes, e oraçoens das Religiozas juſtas

entre

entre que vivem, poderaõ, como sucede
a cada paſſo, acabar de huma morte repentina, onde naõ ha tempo de arrependerſe, e exprimentar o tremendo caſtigo,
que merece huma eſpoza ingrata, e desleal ao infinito amor de JESU Chriſto ſeu
Divino Eſpozo. A doutrina deſtes tres votos he commũa para Frades, e Freitas.

§. V.
Da Clauzura.

As Freiras continuamente morem encerradas em o Moſteiro, &c.

AO eſpirito abrazado de Santa Clara,
e ſuas filhas, deve a Igreja de Deos
eſte rariſſimo exemplo de virtude, de
viverem as Freiras em perpetua clauzura
encerradas, pois foraõ as primeiras, que
a guardaraõ; aſſim lhes chamavaõ nos ſeus
principios as ſenhoras pobres encerradas,
por viverem ſem rendas, e em perpetua
clauzura; a exemplo dellas mandou Bonifac. 8. por ſeu decreto, que todas as demais Religiozas guardaſem clauzura, (como
ſe póde ver em Miranda, Vida de Santa
Clara fol. 89.) E eſta he aquella heroica
vir-

virtude porque David tanto fufpirava, e como unica pedia a Deos : *Unam petii à Domino, ut inhabitem in domo Domini omnibus diebus vitæ meæ* ; pois com ella fe poem a ultima baliza à renuncia, que hum elevado efpirito pòde fazer do mundo, para de todo fe entregar a Deos.

Clauzura he aquelle fitio, ou ambito, que fe contèm das portas a dentro do Mofteiro, deputado para clauzura, donde as Freiras naõ podem fahir, nem os feculares entrar. Digo deputado para clauzura, para excluir toda a caza, ou lugar do Convento ; que naõ efteja para clauzura deputado; porque a deputaçaõ he circunftancia neceffaria para a clauzura, diz Torrecilla tom. 1. das Conf. Mor. tr. 3. Apolog. 2. n. 1. com outros muitos, que ahi cita.

A toda a Religioza he prohibido pello Conc. Trid. feff. 25. Cap. 5. debaixo de peccado mortal fahir da clauzura ; ainda que feja por pouco tempo, e para breve diftancia, como declarou Greg. XIII. e álem do peccado incorre em pena de excomunhaõ rezervada ao Summo Pontifice ; e privaçaõ dos officios que tiver, e inhavil para ter outros na Ordem. A mefma excommunhaõ rezervada incorrem todos os que a

acompanharem; ou receberem em fuás cazas, favorecendo a fua faida, mas naõ fe-
for para lhe evitar os prigos, a que nellá
fe expoem, ou a acompanhaõ a reftuilla
ao Comvento, pois tudo ifto he acto de
caridáde. Tambem incorem na mefma pena os Prelados, que fem legitima cauza lhes
derem licença para fahir do Comvento.

· Nefta fahida, diz Sanch. na fua Sum.
tom. 2. lib. 6. Cap. 16. n.70. e Homobon.
que naõ ha pravidade de materia, e affim
em faindo da clauzura dous paffos que fejaõ, incorrem em culpa,& na fua pena, porque verdadeiramente fe diz, que eftas taes
quebrantàraõ a clauzura. Com tudo Naldo,
e Merola,citados por Diana na fua Sum.verb.
clauzura n. 5. dizem que atè dous paffos
fera pravidade de materia. e affim fe naõ
incorrerà em culpa grave, nem nas fuas penas. Efta opiniaõ meparece racionavel, efpecialmente fe for por pouco tempo, e
naõ for a fim mortalmente peccaminozo,
mas fó a fim de ver alguma couza por me-
ra curiozidade.

· Para evitar efcrupulos em animos timoratos fe adverte, que fe naõ quebranta a
clauzura pelo arrependimento de fer freira, ou dezejo de fahir do Convento a vizitar

zitar os Parentes, nem nifto fe comête culpa grave, fe com efte dezejo, ou arrependimento ouver propozito de naõ fair do
Convento, e guardar a fua Regra, pois o
arrependerfe de fazer hum voto, naõ he
o mefmo que quebralo, dizem? Silveftre,
Navarro, e Angelo. Porem fe ocorrendolhe
efte dezejo, e fizeffe propozito de fahir
da clauzura, tendo para iffo oportunida-
de, peccaria mortalmente por penfamento, mas naõ incorre na excommunhaõ,
em quanto o naõ puzer por obra, porque
as penas fe naõ incorrem, fenaõ depois
de confummado o acto exteriormente.

Alguns cazos ha, em que as Freiras podem fahir do Convento fem violar o voto
da clauzura. Pio V. concede a todas as Freiras, que poffaõ fair da clauzura em dous
cazos. O primeiro, para fogirem de algum
incendio que haja no Mofteiro; mas ifto
fe deve entender, quando fem manifefto perigo de vida fe naõ podem confervar nelle,
como fora faindo para acerca, até ver fe a-
cabado o incendio lhes fica no Convento,
em que poffaõ habitar commodamente. O
fegundo, para curarfe de lepra, ou pefte,
como mal contagiozo. Aqui duvidaõ os
Authores fe debaixo deftas doenças fe en-

tendaõ

tendaõ outras quaeſquer, que ſejaõ ſó no-
civas a quem as padece, como eſtupores,
e outros achaques, ꝗ commodamente ſenaõ
podem curar no Convento, Barboza, e outros citados por Diana acima allegado n. 3.
dizem que naõ; fundaõ-ſe em huma declaraçaõ dos Senhores Cardeaes que ſobre eſta
materia ouve, e na meſma força do breve
de Pio V. que diz: *Nulla alia occaſione,&*
pretexta.

Diana, e outros que allega, dizem ꝗ ſim,
e eſta opiniaõ me parece muy provavel,
porque as leys Eccleziaſticas naõ obrigaõ
com tanto rigor, que privem de recurſo
natural para a conſervaçaõ da vida. A declaraçaõ dos Cardeaes reſponde Diana, ꝗ
naõ conſta ſer autentica; e ſuppoſto neſte
noſſo Portugal naõ ſaem as Freiras aos ba-
nhos das Caldas, Alcaçarias, &c. ſem licença dos Nuncios, ou do Pontifice, eſta
prohibiçaõ ſe poz talvez para evitar a facilidade com que algumas ſairiaõ, pois o a-
petite natural de ſair da clauzura lhes faz
entender muitas vezes tem cauza ſufficiente, e os Medicos naõ ſaõ muy difficultozos em aprovala, naõ ſendo baſtante.

Mas aconſelhára eu a todas as Religiozas evitaſſem eſtas ſaidas, pelos muitos in-
con-

convenientes que dellas fe podem feguir
ao efpirito; ainda que por iffo fe lhe di-
lataffem mais os achaques, moftrariaõ que
eraõ mais Religiozas no fofrimento, e au-
gmentariaõ o merecimento, pois para exercicio da paciécia dá Deos as infirmidades
Nam virtus in infirmitate perficitur(2. ad
Corin. 12.) e vemos que nos Conventos re-
formados fe curaõ as Freiras fem eftes remedios, e vivem, por iffo confiderem os.
Prelados como, e a quem concedem eftas.
licenças.

A Freira, que por alguma jufta cauza
fahio da clauzura, eftà obrigada a recolher-
fe a ella, logo que ceffou a cauza: mas efte
logo fe deve entender moral, e naõ meta-
fizicamente, pois affim fe explicaõ os preceitos Ecclefiafticos. Donde infere Sanches
citado por Bonacina de Clauf. quæft. 1. pun.
9. n. 27. que a demora de hum, ou dous dias naõ he culpa grave. Como tambem o naõ
ferà trocer o caminho feis ou oito legoas,
por vizitar alguma Imagem milagroza, ou
parente, porque iffo moralmente fe naõ julga efpacio grave, nem fraude da clauzura.

A Regra de Santa Clara em feis cazos
concede às fuas. Freiras poffaõ fair da clauzura, e como nella eftaõ bem expreffos,
naõ

naõ neffecitaõ de outra expoziçaõ; como tambem as licenças com que haõ defair as omio , porque. eftas, pertencem mais aos Prelados, do que aos fubditos, Que peccado cometaõ,é q penas incorraõ os q étrána clau-zura, e os que nella os admitem, fe verá em o Cap. 18.que he o feuproprio lugar.

Nefte capitulo manda o Pontifice, que em cada Convento fe recebaõ algumas Frei-ras com o nome de irmans, ou fervéntes, que profeffem a mefma Regra, excepto o voto da clauzura; porque poffaõ da porta a fóra fervir as Comunidades em o que for neceffario. Antiguamente fe obfervava ifto, mas por várias razoens que occorreraõ com a variedade dos tempos, pareceo a Ordem conveniente que as naõ ouveffe, e affim o determinou por Eftatuto, que confirmáraõ Julio II. Pio V. e Greg. XIII. mandando fô que ouveffe algumas Freiras converfas, ou leigas para fervir os Conventos em os offi-cios mais humildes, e que em tudo guar-daffem á mefma, Regra. A diferença que as tais haõ de ter das Freiras do coró em o veo : o numaro delas, ò em que fe haõ de ocupar, o dote quehaõ de dar ao Convento, fe diz nos Eftatútos Cap. 12.

CAPITULO II.

Como haõ de fer recebidas as Freiras,
e da fua profiffaõ.

§. I.

A todas as que dezejaõ entrar nefta Ordem,
antes que entrem, lhe fejaõ ditas as couzas
afperas &c.

Muitas couzas fe mandaõ nefte capitulo, que iremos explicando por parágrafos. A primeira, determinaõ os Pontifices, que antes q́ fe admita algũa noviça ao Cóvento, fe lhe explique todo o rigor da Regra, e afpereza dos Eſtatutos, q́ intentaõ abraçar, porque em nenhum tempo alleguem ignorancia.

Circunftancia he efta muy neceffaria pela fũma liberalidade q́ pedem os votos, a q́ fe fujeitaõ. E certo q́ fe ifto fe praticàra com as q́ pertédem fer Religiozas, ouvera menos Freiras, mas averia mais fantas; pois a algũas móve-as a bufcar os Conventos fó o tomar hũ eftado de mais eftimaçaõ no mundo; outras o fugirem aos trabalhos; q́ ordinariamente padecé os q́ nelle vivé, fé confiderарé os preceitos da Regra, e Eftatutos a que fe fujeitaõ; e as Preladas pela neceffidade que tem dos dotes fó lhe dizem as cómodidades dos Cóventos, e talvez bem encarecidas, e ellas enganadas fe mové a entrar nos Mofteiros, e ainda q́ depois exprimenté o contrario, profeſſaõ

faõ por hum puro capricho, e como a vida he
violenta, a Regra, e Eftatutos, nũca faõ bẽ obfervados. Cuidẽ pois muito as Preladas em naõ faltar a fazer efta advertencia, q̃ a Regra lhe reco-
mẽda, fenaõ querẽ dar cõta a Deos dos dãnos de
confequencia, que de o naõ fazerem fe fegue.

§. II.

Nenhuma feja recebida fe for falta
de juizo, velha, ou enferma &c.

Todas as q̃ tiverem eftes defeitos prohibe
o Súmo Pontifice fe aceitem para Freiras,
porq̃ todos elles impoffibilitaõ para guardar avi-
da Religioza. Mas diz q̃ havendo algũa cauza
graviffima, fe podẽ difpẽfar, para q̃ fejaõ admitidas. Outras circunftãcias pede o direito cõmum,
como o naõ fer mulher cazada, &c. as quais fe
podem ver nos Eftatutos. Cap. X.
Em quãto à falta de juizo, fe for tãta q̃ naõ faiba
o q̃ promete, he indubitavel q̃ naõ podẽ os Prelados difpẽfar, por fer impedimẽto de direito natural, pois ninguẽ póde prometer o q̃ naõ pode
guardar. Mas fe for de forte, q̃ tenha conhecimẽ-
to do q̃ promete avẽdo jufta cauza, podẽ os Prelados difpẽfar, e as Freiras darlhe o voto. As cauzas juftas poderàõ fer: o fer hũa peffoa de grande qualidade; o dar hũ dote muy crecido, tẽdo o
Cõvẽto neceffidade delle, ou fer hũa peffoa de
tãta virtude, q̃ a fua vida fe efpere feja exemplar

ao

aõ Convéto,e edificaçaõ ao mũdo. Em qũanto á velhice,ou enfermidade,fe cõcõrreré as mefmas cauzas,e eftes defeitos naõ fõrem deforte ɋ lhe impeçaõ guardar o elfencial dõs votos , ainda ɋ naõ poffa guardar os Eftatutos, ou afperezas da vida regular , fe póde admitir. Mas advirtaõ as Religiofas,ɋ fupofto os Prelados difpéfé,e dem licença para ɋ as taes fejaõ admitidas, fempre á Communidade fica direito para lhe negarem o voto,diz Torrecill: e affi fe naõ entéder emfer muy jufto aceitalla,a naõ devem admitir ou dir-lhe o votõ fé graviffimo pezo da cõciécia, e efta fe deve antepor a todos os refpeitos humanos.

§. III.

A Abbadeça naõ receba noviça alguma por fua propria authoridade &c.

PRohibido he á Abbadeça o aceitar perfi fó a alguma para noviça , mas fó o póde fazer com o confentiméto de toda a Cõmunidade, ou ao menos das duas partes della: Daqui naffe hũma difficuldade taõ curiofa como neceffaria: fe profeffando a Abbadeça a hũma noviça fem os votos da Communidade, ou cavilozamente diffeffe que tinha mais das duas partes dõs votos , naõ os tendo feria valida a profiffaõ? Varias faõ as opinioens dos Doutores , como fe póde ver em Torrecill: tom. 1. das conf. Mor. tr: 1. dos noviços art. 3. quæft. &c.

Os

Os q̃ feguem a parte affirmativa, fundaõ-fe em que o direito fó poem huma fimplez prohibiçaõ, e naõ clauzula irritante, como fe vê bem claro nefte Capitulo, e affim pecaria a Abbadeça; mas a profiffaõ ficaria valida, pois quando o direito naõ poem clauzula irritante, fica o acto valido, ainda que illicito. Os que feguem a parte negativa, fundaõ-fe em que a tal profiffaõ he feita contra a fórma de direito, e Eftatutos particulares; e efta julgo fe deve feguir em praxe, ao menos pelo mayor numero de Doutores que a defendé, q̃ em materias morais tem muita força para a mayor probabilidade.

Em quanto ao numero de votos, que faõ neceffarios para que a profiffaõ feja valida, e a eleiçaõ de Meftra de noviças, deve cada Convento guardar as fuas Conftituiçoens. As de Sáta Clara, o trataõ diffuzaméte em o primeiro Capitulo, onde o podem ver. Só advirto às Meftras de noviças a riguroza conta que haõ de dar a Deos de lhe naõ enfinarem miûdamente todas as obrigaçoens da fua profiffaõ, efpecialmente a da pobreza, que he a que nos Conventos mais fe ignora, e menos fe guarda; pois da doutrina do Noviciado, pende a perfeiçaõ da Religioza. E as que ouverem de dar o feu voto ponhaõ os olhos em Deos, e naõ

e naõ nos respeitos humanos ; naõ a tendaõ
se a noviça he bem prendada da natureza ,
illuſtre no nacimento , rica nos bens da fortuna , que eſtes dotes ſaõ bons para os eſpo-
zos do mundo ; mas para eſpozas de Chriſto
ſó ſervem as que tem boa indole , e muitos
dezejos de aproveitar no eſpirito , pois de o
naõ fazerem aſſim naſce o eſtar nos Convétos a vida regular taõ eſtragada , cujos danos de conſequencia ham de pagar diente
de Deos as que naõ votarem conforme a re-
cta conciencia : e naõ ſe emganem em dar o
voto às que virem de máo genio , com o pretexto de que o mudaráõ pello decurſo
do tempo , que iſſo he votar por adevinha-
çoens.

§ IV.

Acabado o anno de noviciado ſendo de ligi-
tima idade , façaõ profiſſaõ nas
máos da Abbadeça , &c.

A Idade ligitima para profeſſar , ſaõ
dezaſeis annos completos , ſegundo o
Conc. Trid. Cap. 15. onde naõ ha parvidade de materia ; pois o Conc. diz que ha
de ſer no principio do anno decimo ſetimo,
G   e aſſim

e affim o declarou a Rota, como teftemunha Diána in Sum. verbo profeffio n. 13. mas
naõ he neceffario que paffe algum dia dos
dezafeis annos, bafta que profeffe na hora
em que os cumprio.

O anno do noviciado tambem deve fer
completo, e fupofto que Henriq, e outros
digaõ que naõ he neceffario contalo de mo-
méto, amométo mas q̃ bafta ainda q̃ lhe falté
alguñas horas, porque em direito o pouco
fe reputa por nada nas matérias moraes; o
contrario he fó o que fe deve feguir, como
bem enfina. Diana citado n. 7. Tambem o a-
nno de noviciado deve fer continuado fem
interpolaçaõ; mas havendo alguma cauza legitima, como v.g. o hir curar de alguma infirmidade a caza de feus parentes, fendo com
licença dos Prelados, e levando o habito,
naõ fe diz interromper o noviciado, pois o
que eftá fóra do Convento com licença dos
Prelados, moralmente fe diz eftar no Convento; e ainda que alguns tem o contrario;
affim o declaráraõ os Senhores Cardeaes, como teftemunha Portel. verbo *novitiatus* n, 4.

Se a noviça enfermar de morte, podefe-
lhe anticipar profiffaõ, para ganhar indulgencias, que neffe dia lucraõ por conceffaõ de
Pio V. feita às Freiras de N, P.S. Domingos,
de

de que todas as mais participaõ; mas fe con-
valefcer, ha de continuar o noviciado, e profeffar a feu tempo. E fuppofto Diana citado
n.9. allegando a Sanches, e outros diga, que
efta tal ha de ratificar a profiffaõ, antes fe
morrer, fica o Convento feu herdeiro, o cõ-
trario tẽ Rodrig. Portel. n.5. affim foi de clara-
do pela Sagr. Cõngregaçaõ, e tambem, porque a profiffaõ fe lhe da condicianalmente.

Ainda que a Regra diga, que acabado o
anno do noviaciado profeffe a noviça, havendo alguma cauza lhe podem os Prelados dilatar a profiffaõ, por huma declaraçaõ dos
Senhores Cardeaes feita no anno de 1579.
que traz Manoel Rodrig. E tambem fuppofto
a Regra diga, que a noviça profeffe nas mãos
da Abbadeça, bem poderà cometer
efta funçaõ a outra Religioza, ou Religiozo, como fazem os mais Prelados das
Religioens, pois ainda que a Regra o naõ
declare, explicam-no os Doutores, e o uzo,
que he o melhor interprete das leis. Tor-
recil. citado art. 3. quæft. 18.

Pela Profiffaõ ficaõ coõmutados todos os
votos, ainda os rezervados, ou foffem fei-
tos no feculo, ou no noviciado; affim o enfinaõ os Doutores uniformemente com Diana citado n. 18. e confta ex Cap. fcripturæ

G 2   de vo-

de voto, com que naõ ha obrigaçaõ de com-
prilos de pois da profiſſaõ. Os noviços gozaõ de todos os privilegios da Religiaõ, como ſe foraõ profeſſos, em quanto ao favoravel, mas naõ eſtaõ ſujeitos ao odiozo.
Donde ſe ſegue, que naõ incorrem nos cazos reſervados da Religiaõ, nem do Biſpo;
do Biſpo, porque ſe julgaõ izentos; da Religiaõ, porque he materia penal, e odioſa,
com que para o favoravel ſe julgaõ Religiozos, e para o odiozo ſeculares; he opiniaõ cõmuniſſima com Diana. E por eſte
reſpeito bem ſe podem confeſſar validamen-
te com qualquer Confeſſor ſecular, porĝ
ſuppoſto Clemen. VIII. mande, que ſe con-
feſſem com ſeus meſtres, iſto naõ he com
forç a de preceito, mas por modo dè conſelho, diz Cayetano, e outros citados por
Diana.

Se feita a profiſſaõ ſe achar que foi nulla,
ou por ſer feita por medo, ou por falta de
conſentimento, ou de idade, ou porque o
anno de noviciado naõ foi completo, ſe deve ratificar e para ſe ratificar, baſta que
com quaeſquer palavras, ou mentalmente
diga, que promete guardar, o que na profiſſaõ, que foi nulla, devia prometer. Ainda que Manoel Rodriges, e Portel, citando
                                    a Sanches

a Sanches diz, que se a profissaõ foi nulla por falta de idade, ou de integridade de noviciado, para se ratificar, se deve pedir denovo o confentimento á Communidade, porque o primeiro que deu foi nullo, por ser para peffoa por direito inhabel para a profiffaõ.

Mas a mim me parece naõ ser neceffario efte novo confentimento, porque o primeiro, em quanto pofitivamente fe naõ retrata, moralmente perfevera, e no inftante que fe tirou o impedimento, ficou valido; ou porque o admitirem os Prelados a hum fujeito aos actos Religiozos, he darlhe huma tacita, ou virtual profiffaõ, conforme ao Conc. Trid. como fe pòde ver em Torrecill. tom. 1. Conful. Mor. tr. 6. Conful. 5. n. 1. E quando haja nifto algum efcrupulo, e tiver pejo, ou cauza para naõ pedir de novo o confentimento á Communidade, bafta que pelo féu Confeffor o peça, fem dizer para quem. Villal. 2. parte tr. 35. difficul. 24. n. 6. e em nenhuma das opinioens he neceffario repetir as ceremonias folemnes da profiffaõ.

CAPITULO IV.

Do habito das Freiras.

§. UNICO.

Todas as irmans commummente cortem os cabellos , &c.

ESte Capitulo efcreveo o Sumo Pontifice com tanta miudeza, que naõ necefita de explicaçaõ, mas fó de advirtir às Religiozas o leaõ , e tenham cuidado de o obfervar, que fuppofto fe diga , que o habito naõ faz o Religiozo, ao menos pela mais , ou menos modeftia delle fe conhece o efpirito de quem o vefte, e reforma, ou relaxaçaõ do Convento ; e moftra a experiencia , que quando alguma Religioza tocada de Deos fe refolve a reformar a vida, a primeira acçaõ he reformar o habito.

E para que faibaõ o quanto Deos fe offende da preciozidade dos hábitos Religiozos, tragaõ na memoria aquelle tremendo cazo, que fe efcreve em o livro dos Varoens de Chrifto , onde fe conta , que hum Abbade do Convento de Saxonia defprezando os an-

nos

nos a Flandes bufcar panos finos para ve-
ftir-fe : morto o Abbade, e repartindo-fe as
fuas alfayas entre os Monges, tomou para fi o Prior do Convento huma tunica, e
indo a veftila em hum dia de fefta como
por folemnidade do dia, foi o mefmo veftila, do que fe veftira huma camiza de fogo:
começou agritar que fe abrazava, e lançan-
do-a de fi, acodiraõ os Monges, e viraõ que
a tunica eftava defpedindo de fi faifcas de
fogo como ferro em braza : aſſombrados todos trouxeraõ cada hum o quê tinha leva-
do dos veftidos do difgraçado Abbade, e
lançando tudo em hum monte, começaraõ
a fahir por todas as pártes lavaradas de fogo como de hum forno acezo, e duràraõ
tanto, que puderaõ avizar a todos os Ab-
bades daquella Comarca, para que vieſſem
fer teftemunhas daquelle rigorozo juizo de
Deos.

Defta forte moftrou Deos, o quanto fe
offende, de que os habitos das peſſoas Religiozas naõ fejaõ conformes á pobreza que
profeſſaõ ; e por iſſo a que quizer evitar
o tremendo caftigo, que aquelle mizeravel
Abbade eftà padecendo no inferno, cuide
em que a materia do feu habito feja da mais
pobre, fegundo as terras em que eftá o Con-

vento, e a forma que feja taõ modefta como pede o feu eftado. Mal cumprem com efta obrigaçaõ, as que trazem humas caudas taõ compridas, que arraftaõ pela terra muita diftancia, a quem (arguindo as) S.Boaventura chama caudas de rapoza, pois eftas fendo contra o que expreffamente manda a Regra, offendem na fuperfluidade a pobreza, e fó fervem para oftentaçaõ de vaidade, que para compoftura bafta a que lhes cubra os pés, quando no coro fe inclinaõ.

Outras vemos em alguns Conventos com humas toalhas, taõ levantadas, e com tanta curiofidade compoftas, que naõ fei haja mulher no mundo vaidoza, que tanto cuidado ponha nos feus toucados, e adornos de cabeça, fem advertirem q a muita compoziçaõ do corpo, he defcompoziçaõ da alma, e que o demaziado adorno na cabeça de huã Religioza, faõ coroas de efpinhos que de novo poem na cabeça de feu Divino Efpozo JESU Chrifto, que por iffo advérte o Pontifice, que o habito de fora feja em tal maneira, que poffa dar teftemunho da modeftia interior; e nas toalhas, e veos naõ haja couza de preciozidade, ou curiozidade

Em quanto á mais roupa fóra do habito,
diz

diz o Papa, que poſſaõ ter duas ſayas, ou
mais, conforme a neceſſidade de cada huma,
e eſta julgada pela Abbadeça, que attende-
rá para julgala ao rigor do tempo, ou achaques da Religioza; e aſſim he neceſſario ſegundo a Regra, que com ella conſultem as
Freiras o mais ,,ou menos de roupa interior,
que devem trazer, ſe querem ſer obſervan-
tes da ſua profiſſaõ.

Por direito (Cap. cum ad monaſterium)
eſtà prohibido a toda a peſſôa Religioza de
ambos os ſexos, uzar de camiza de linho ſem
neceſſidade. As Freiras da conceiçaõ, com
eſpecialidade ſe lhes manda no Cap. 3.
da ſua Regra tragaõ tunica de eſtamenha
branca, e as Urbanas no Cap. 4. que ſeja
de cilicio, ou eſtamenha; com que o uzar
de camizas de linho ſem neceſſidade, he
tranſgreſſaõ da Regra, mas naõ o julgo culpa grave, pelo inveterado uzo em que as
Religiozas eſtaõ de trazelas, excepto nos
Conventos onde por preceito, ou uzo eſtiver recebido como culpa grave uzar de linho, que neſte cazo o ſerá.

O certo he que uzár de camizas, ſem reſpeitar ſe ha, ou naõ neceſſidade, he ſinal
de muy pouco eſpirito, e ſantiſſima cauza,
fora que as que logram ſaude trouxeſſem tunicas,

nicas, e que a iſſo as cuſtumaſſem deſde o
noviciado, poisaſſim ſeriaõ mais verdadeiras
imitadoras de ſua Madre Sánta Clara, e he
iſto huma mortificaçaõ que em poucos dias
ſe vence; e ſe alguma por devoçaõ houveſſe
de trazer algum cilicio, ou tomar alguma
diciplina, maior merecimento teria, commu-
tando o em trazer a tunica de eſtamenha
pois aquillo he voluntario, e atunica obriga-
gaçaõ da Regra.

Advirto porém para tirar eſcrupulos, que
as Religiozas do Convento da Eſperança de
Lisboa tem hum Breve concedido por Paulo
III para uzarem de camizas, e lançoes de linho, como teſtemunha Frey Manoel do
MonteOlivete, que o traduzio: e tambem às
Religiozas do Calvario da meſma Cidade
concedeo Paulo V. participaſſem de todas as
graças concedidas ao Convento da Eſperança

E como o privilegio concedido a hum
Convento, ou Provincia, conſecutivamente
ſe concede a toda a Ordem da dita Provincia,
ou Convento por Côceſſaõ de Julio II. e Cle-
mentê VIII. como traz Torrecilla no ſeu tratado das Propoſiçoés condenadas tr. 2. de Pœnit. conſ. 8. n. 34. ónde cita a Protel, e outros
muytos, antes diz Portel, que he opiniaõ cõmua,

mua, já este preceito de naõ trazer camiza para as Freiras de Santa Clara, he só de confelho, que naõ obriga a culpa nem ainda venial; e deste Privilegio se podem aproveitar todas que participaõ dos Privilegios concedidos aos Menores.

CAPITULO V.
De como haõ de dormir as Freiras.

§. UNICO.
Todas as irmans que tem faude, aſſim a Abbadeça, como as outras, durmaõ em hum dormitorio veſtidas, e cingidas, &c.

NEste Capitulo manda o Summo Pontifice, que as Freiras durmaõ veſtidas, e cingidas, e cada huma em cama apartada. O mefmo manda Iulio II. às Freiras da Conceiçaõ em o Cap. 12. da fua Regra; o direito o manda a todos os Religiozos, e Religiozas de qualquer Ordem que fejaõ. Deixar de o fazer, naõ fera peccado mortal, mas naõ fe livraráõ de culpa venial, as que naõ guardarem efte preceito, fe os naõ defculpar algum achaque, que havendo alguma cauza eftaraõ obrigados a elle; o certo he que toda a que cuida em fer Religioza, e na prefeiçaõ do feu
estado,

eſtado,ſem urgente cauza naõ deſpe o habito para dormir.

Da detreminaçaõ do direito poderàõ conhecer todas as peſſoas Religiozas,eſpecialmente as Freiras Claras por eſtes dous Capitulos,a obrigaçaõ que tem de trazer em todo o lugar, e tempo o ſeu habito, pois ſe ſe lhes naõ permite, que o diſpaõ de noite, como ſe lhes ha de conceder,que o naõ tragaõ de dia? Indigna he do nome de Religioza,a que anda ſem habito, pois por elle ſe diſtingue das ſeculares, e tiralo ſem muita neceſſidade, naõ póde deixar de ſer materia eſcandaloza. Cuidem muito as Preladas, ſe naõ queré incorer na indignaçaõ de Deos, em fazer obſervar eſte preceito, taõ neceſſario á modeſtia Religioza;pois às da Conceiçaõ ſô lhes permite o Pontifice, que poſſaõ diſpenſar as Abbadeças com as enfermas, para que eſtejaõ ſem habito, e ás Urbanas quando muito, que tirem o eſcapulario,em tempo de calor grande, ou de fazer algum trabalho, ſe lhes ſerve de embaraço, naõ eſtando diante de peſſoas eſtranhas.

CAPITULO VI.

De como as Freiras haõ de fazer o Divino Officio.

§. I.

Para pagar ao Senhor seu Diviuo Officio, assim de dia, como de noyte, esta fórma se guarde, &c.

NEste Capitulo manda o Pontifice, que as Freiras que sabem ler, rezem o Officio Divino, segundo a fórma que guardaõ os Frades Menores; e as que naõ sabem ler, o satisfaçaõ com os Padre nossos, e Ave Marias, que por cada Hora ahi lhes assina. E cócede às que sabem ler, que havendo cauza racionavel possaõ pagar o Divino Officio, rezando o mesmo, que as que naõ sabem ler. Pelas que sabem ler, se entendem as Freiras applicadas ao coro, ou de veo preto; e pelas que naõ sabem ler, as Conversas.

Que peccado seja deixar de rezar o Officio Divino, he questaõ bem controvertida entre os Authores. Em Communidade he opiniaõ communissima, q̃ todas as Freiras de qualquer
Ordem

Ordem que ſejaõ eſtaõ obrigadas debaixo
de peccado mortal a rezar, por obrigaçaõ do
eſtado: diz Manoel Rodrigues; e coſtume
antiquiſſimo. Villalob. 1. parte tr.24.difficul.
9.e ſe alguma Prelada deixaſſe de o rezar, a
caſtigariaõ os Prelados Superiores ſevera-
mente.

Amayor duvida he, ſe a Freira que naõ foy
aó coro, eſtarà obrigada depois a rezar fóra
delle debaixo de culpa grave? Ao que reſpõdo que ſim, e ainda que alguns poucos Authores tem o contrario, diz Martinho Arce-
biſpo Panormitano em huma paſtoral, que
mandou para as Freiras, que eſta opiniaõ foy
inventada pelo Demonio pay da mentira. Em
quanto ás Freiras Claras expreſſamente o
dizem os ſeus Eſtatutos geraes; e com razaõ
ſe deve entender de todas, pois he iſto huma
acçaõ das mais principaes da vida Religioza.
Nem valerá dizer em contrario, que Eugen.
IV. explicando, e moderando a Regra das
Freiras Claras, declarou, que nenhum dos ſeus preceitos obrigaſſe mais a peccado mortal, excepto o que foſſe concernente aos quatro votos, Obediencia, Pobreza, Caſtidade,
e Clauzura, e á eleiçaõ injuſta, e depoſiçaõ
da Abbadeça, o meſmo Iulio II. e como o
Officio Divino naõ ſeja nenhum deſtes, ſe ſegue

gue que naõ obriga a culpa grave: que a iſſo
reſpõdo em Felix Poteſt. tom. 1. parte 2. n. 429.
que os taes Pontifices ſó intentàraõ a liviar as
Freiras de culpa mortal naquelles preceitos,
ſ̃ heraõ muy difficultozos de obſervar á ſua
fragildade, mas naõ daquelles que por uzo, e
eſtado ſaõ communs a todas as peſſoas Religiozas de ambos os ſexos. E que ſempre houveſſe eſte uzo como obrigatorio nas Freiras,
ſe moſtra ; pois quando alguma naõ póde rezar pelo breviario, pede commutaçaõ à Prelada; o que naõ fizera, ſe ſe julgára dezobrigada.

Nem valerá tambem dizer que o coſtume
foy invalidamente introduzido , por ſer fundado em prezumpçaõ falſa, e por Freiras, que
pela razaõ de mulheres naõ tem authoridade
de introduzilo: que a iſſo reſpondo que o tal
coſtume ſe fundou na opiniaõ de graviſſimos
Autores, e em razoes muy forçozas , como a
de acçaõ muy principal do eſtado, e influido
dos capitulos geraes, adonde aſſiſtem os mayores homens da Religiaõ em letras, e virtude. Confirmados pelos Geraes, adonde ſe dá
o poder de fazer leys, Com tudo ſe em algum
Cõvento houver uzo inveterado, naõ ſer culpa grave o naõ rezar fóra do coro, eſteja-ſe
por elle, pois o uzo legitimamente introduzido fas ley.

Em

Em quanto à faculdade que o Papa dá,para que as Freiras do coro poſſaõ ,ḣavédo cauza rezar o Officio das Converſas, e que depois concedeo Innocencio IV. a todas as Freiras ſujeitas ao governo dos Frades Menores,participaõ as Freiras de todas as Religioens, diz Felix Poteſt.citado n.430. cauza racionavel ſerà huma occupaçaõ graviſſima,alguma moleſtia,ſenaõ ſouber ler bẽ olatim,ou for muito eſcrupuloza é o ler. Advertindo que a ſufficiencia da cauza ha de ſer julgada pelos Prelados, Abbadeça, ou Confeſſor, pois a eſtes o cometeo Clemente VII.e ainda que quanto ás Freiras Claras digaõ os Eſtatutos geraes, q̃ a cauza ha de ſer julgada pelo Provincial; iſto ſe entende,ſe à diſpenſa houver de ſer para ſempre, ou para muytos mezes, que ſendo por pouco tempo, baſta a da Abbadeça ou Confeſſor.

Tambem Leaõ X. concedeo aos filhos de N.P.S.Franciſco, e a todas as Religioens que participaõ dos ſeus privilegios, que ſe algum frade,ou freira eſtiveſſe taõ moleſtada , que ao parecer do Medico (ſe commodamente ſe poder conſultar) lhe ſeria nocivo o rezar o Officio Divino, lho pudeſſem commutar os Prelados em quaſquer Pſalmos, ou Oraçoens , e aſſim o poderaõ fazer as Abbadeças,

quando,

quando naõ haja Medico q̃ o julgue, se pru-
dencialmente entenderem, que a reza lhes
serve de moleſtia, eniſtõ naõ devé ser dema-
ziadaméte eſcrupulozás; porque os preceitos
Eccleſiaſticos obrigaõ com ſuavidade.

E quando a neceſſidade manifeſtamente
impoſſibilite a rezar, nenhuma freira eſtà
obrigada ao Officio Divino, pois contra os
impoſſiveis naõ ha Ley, e neſſes termos naõ
neceſita de diſpenſa, ou commutaçaõ. A neceſſidade ſerà huma grave dor de cabeça, ou
outra infirmidade, ou huma occupaçaõ muy
preciza, que ſe naõ póde guardar para o outro
dia. Mas deve-ſe de advertir, que ſe naõ puder rezar tudo, e póde rezar alguma parte,
eſtá obrigada à parte, para q̃ naõ tem impedimento.

§. II.

Do Officio menor de Noſſa Senhora, e
Defuntos.

EM ſegundo lugar manda o Papa, guardẽ
as Freiras a meſma fórma que os Frades
Menores no rezar o Officio de Defuntos,
Pſalmos Penitenciaes, Graduaes; e que as
Freiras converſas rezem ſete vezes o Pater
H noſter

noftre por vefporas, e doze por Matinas, em quanto as Freiras do coro fazem o Officio de finados. Com que, tod as as vezes q̃ os Frades fegundo as rubricas do breviario rezaõ no coro os taes Officios, e Pfalmos, eftaõ as Freiras obrigadas a rezalos.

Digo no coro; porque fóra do coro naõ ha obrigaçaõ de os rezar. E ainda no coro naõ ferà peccado deixar de rezar eftes Officios, e Pfalmos, porque Pio V. tirou efta obrigaçaõ a todos os que uzaffem do breviario Romano por elle feito, como fe póde ver no Breve, que eftá no principio do mefmo breviario; concedendo porèm cem dias de indulgencia, aos que quizeffem rezar o Officio menor de Noffa Senhora, e de Defuntos, e cincoenta, aos que rezaffem os Pfalmos Penitenciaes, e Graduaes nos dias affinados nas rubricas. E aos que naõ uzaõ do brevirio Romano, como faõ os Carmelitas, e Dominicanos. &c. mandou os rezaffem conforme o uzo em que eftavaõ. Na Ordem dos Prégadores, diz Donato tom.3.tr.18.q.48. q̃ o uzo naõ obriga a culpa.

O Officio de finados em dia da Commemoraçaõ dos defuntos, que fe faz o fegundo de Novembro, he obrigaçaõ de rezalo, ainda fóra do coro, debaixo de peccado mortal, fegundo Diana parte 4.tr.6.refol.242. citando a muitos a muitos Authores, pofto que o contrario naõ tem alguns por improvavel. E fó nefte dia, e nos em q̃ os Frades Menores rezaõ o Officio de defuntos inteiro, fe ha de entender, que as Freiras Converfas eftaõ obrigadas a rezar os Padre noffos, que o Pontifice lhes affina, pois elle os refere a Vefporas, e Matinas, e naõ falla dos nocturnos, né Pfalmos Penitenciaes, e Graduaes.

Mas pela obrigaçaõ do feu Officio Divino, eftaraõ obrigadas a rezar alguma couza fegũdo a fua devoçaõ lho pedir, e ainda as da Conceiçaõ fatisfaraõ orando fó mentalmente. pois a Rergra diz: *E orem pelos defuntos.* Em quanto ás Freiras da primeira Regra de Santa Clara, declarou Leaõ X. q̃ naõ eftavaõ obrigadas a rezar pelos defuntos os Padre noffos, de que a Regra falla, fenaõ em os dias, em q̃ os Frades diziaõ no coro o Officio de finados; e o mefmo fe ha de entender dás Urbanas, pois efte Capitulo do Officio Divino fe tirou do da primeira Regra. Mas que humas, e outras tenhaõ obrigaçaõ de rezar alguma couza pelos defuntos todos os dias por preceito da Regra, o advertem as fuas Comftituiçoens Cap. 3.

Os quatro Officios de defuntos, q̃ os Frades fazem todos os annos, por determinaçaõ do

Efta.

Eſtatuto geral, naõ eſtaõ as Freiras obrigadas a elles, nem no particular, nem no coro; porque no eſtatuto das Freiras naõ ha tal preceito, e o geral naõ falla nellas; ſe o fizerem, teraõ eſte merecimento para com Deos, e ſerá hum grande beneficio para as almas, que o rigor das ſuas penas a toda a compayxaõ obriga.

§. III

Do modo com que ſe ha de pagar o Officio Divino.

EM quanto ao modo de pagar o Divino Officio, reſolveremos aqui todas as duvidas, que a eſſe fim podem occorrer, para quietaçaõ das conciencias timoraes. Seis couzas ſe requerem para que ſe ſatiſſaçaõ eſtes Divinos louvores: Intençaõ, Atençaõ, Tempo, Ordē, ſem Interpolaçaõ, Integridade. Em quanto á Intençaõ, que he o propozito de pagar eſta divida, naõ he neceſſario que ſeja actual, mas baſta que ſeja tacita, ou virtual: v.g. pega hnma Freira no breviario para rezar, ou fazendo ſinal ao coro, foi para elle, ainda que naõ ſizeſſe acto reflexo dizendo, quero pagar o Divino Officio, ſatisfez a eſte precei-

preceito, porque no pegar do breviario para rezar, ou no hir para o coro, quando a chamaõ tacita, ou virtualmente se inclue a tençaõ de satisfazer este preceito. E ainda Lesio lib.2. Cap.37.n.59. com outros dizem, que fazendo tençaõ de naõ pagar o preceito com o que tem rezado, se depois a mudou, satisfaz: v.g. estava huma Freira rezando, foilhe necessario hir fazer alguma couza, fez tençaõ de principiar de novo para satisfazer, naõ he necessario que torne a principiar, mas que mude de tençaõ, e continue o que lhe falta; porque o mudar de tençaõ naõ faz que a naõ tivesse, quãdo principiou a rezar.

Em quanto á atençaõ, que he a reverencia q̃ se ha de ter no tẽpo emque se reza, se cumpre com o preceito rezando em pé, sentada, passeando, ou estando recostada; mas naõ se livra de alguma culpa a reza recostada, naõ tendo achaque que a disculpe, pela irreverencia q̃ comete de fallar com hũa Magestade Divina com menos respeito, do que se fallára com os Principes do mundo. Em as Chronicas da nossa Ordem se escreve de hum Frade, que tinha por costume rezar as Completas depois de deitado, e apparecẽdo depois de morto a outro Religiozo, lhe disse estas palavras: Completas debaixo do cobertor naõ

H 3 apro-

aproveitaõ. Sem duvida que eftava pagando no Purgatorio a dezatençaõ com que as rezára: fe cada hum de nós confiderára quando reza o Officio Divino, que eftá fallando com hum Senhor, diante de quem temem, e tremem até os mefmos Anjos, naõ hera neceffario fe explicaffe mais efta duvida, mas como intento difcernir nefte particular o que faz, ou livra de culpa:

Digo, que a atençaõ aõ Officio Divino, fegundo Santo Thomás, póde fer em tres maneiras: ou ás palavras que fe dizem, ou aõ fentido das palavras, ou a Deos com quem fe falla: a primeira a tençaõ he inferior; a fegunda mediana; a terceira mais prefeita. As Religiozas que naõ fabem latim, fatisfazem com a primeira, porém fe tiverem a terceira, ferà a fatisfaçaõ defta divida mais agradavel a Deos, e efta tinhaõ os Santos. Mas como fallando moralmente, he impoffivel, que haja efta atéçaõ actual, pela facilidade, e ligeireza, com que fe diverte o penfamento humano, baftará que haja huma atençaõ virtual; ifto he, que principiando a rezar com atençaõ, fe naõ divirta a outra parte voluntariamente, porque ainda que fe diftraya, fe naõ foy voluntariamente, dura a atençaõ vittual, e bafta para fatisfazer efta divida fem culpa:

Don-

Donde os que voluntariamente se diſtraem,
ou fazé em quáto rezaõ algũa couza, q̃ ſeja in
compativel com a atençaõ, como vg. eſcre-
ver, cozer, ou aplicar o ſentido ao que ou-
trós eſtaõ falando, naõ tem atençaõ devida.
Mas bem poderá ſatiſfazer, ſe rezar eſtan-
do-ſe veſtindo, ou lavando, ainda que menos perfeitamente, porque eſtas acçoens totalmente naõ impedem a atençaõ, que ſe
deve ter. Azor, Navar. Villal. citado

Em quanto ao tempo, ſe ha de rezar todo Officio de hum dia de meya noite a meya noite. As Matinas porém, ainda que ſegundo o direito, ſe haõ de rezar da meya noite por diante, porque deſſa hora cõmeça
o dia, por coſtume ſe podem dizer na tarde antecedente; em quanto á hora variaõ
os Autores; o que me parece mais racionavel he, que ſeja das tres horas por diante, e anticipalas mais, he por-ſe em perigo de naõ pagalas, pois iſto he divida que
reſpeita a cada hum dia, por cujo reſpeito diz Villalob. que ha de ſer das quatro horas por diante? mas a opiniaõ mais cõmũa
he, que baſta depois das tres. As Laudes,
ainda que ſe reputem huma hora com Matinas, bem ſe podem deixar para o outro
dia, rezando-ſe Matinas na tarde antaceden-

H 4 te;

te ; porque naõ he de eſſencia que ſe juntem, como ſe vé na noyte de Natal; mas
partindo-ſe eſta hora , ſe ha de dizer, ſegundo a melhor opiniaõ, acabado o *Te Deum laudamos*, a oraçaõ, e quando ſe ouverem de dizer Laudes, dizer-ſe como nas demais horas o Pater noſter, e Ave Maria.

Em quanto à ordem , tem o direito de-
treminado tempo para cada huma Hora deſtes Divinos louvores , imitando o que fa-
zia David : *Septies in die laudem dixi tibi,*
(Pſal 118.) aſim a hora das Matinas he à
meya noyte ; a de Prima ao ſahir do Sol,
&c. Mas dizem commummente os Doutores em Villalob. parte 1. tr. 24. n. 2. que no
coro naõ ſeria peccado mortal inverter eſta
ordem hum dia , ou dous , mas ſe foſſe muitas vezes, e a inverſaõ foſſe notavel, como
rezarſe Completas de manhã , ou as Horas menores à tarde, ſeria peccado mortal,
porque he offender o direito em materia
grave. Em alguns Conventos ſe dizem Matinas á prima noyte, ou de manhã licitamente, introduzindo-ſe aſſim com juſtas cauzas eſte cuſtume.

Fóra do coro rezar o Officio Divino todo junto ſem cauza, ſeria peccado venial,
havendo alguma cauza, ainda que leve, naõ
ſerá

ferá culpa alguma. O mefmo feria de antepor, ou pofpor as Horas, v.g. naõ tenho
rezado Prima; fazem final ao coro a Vefporas, ou pedeme huma Religioza que as
reze com ella, poffo rezalas, e depois rezar prima, e ainda ifto fe entende dentro
da mefma hora, como fe a chando a rezar
huma Freira, tendo ja dito o primejro no-
cturno, e tem devoçaõ de rezar com ella
póde continuar, e depois pagar o noctur-
no que lhe falta.

Em quanto à interrupçaõ do que fica dito
fe colhe, que havendo cauza para ella, naõ
haverá culpa alguma, fem cauza ferá peccado venial; v.g. eftá huma Freira rezando no
meyo de hum Pfalmo, ou liçaõ, offerece-
fe huma occupaçaõ em que gaftou duas,
ou tres horas, póde continuar do ponto
em que ficou, fe efta interrupçaõ foy fem
cauza, fatiffaz; mas pecca venialmente; fe
teve cauza jufta para ella, ou porque achama-
raõ da parte da Prelada, ou tinha neceffidade de fazer alguma couza naquella hora,
como ouvir Miffa, affiftir a huma doente,
ou outra qualquer neceffidade propria, naõ
peccou nem levemente; mas fe o que foy
fazer na quella hora, fe podia guardar
para outra, deve tornar a principiar, fobpena

pena de cometer hum peccado venial, que naõ he pouco para temido, segundo Deos o castiga no Purgatorio, pois nelle esteve hum anno huma alma, diz Saõ Vicente Ferreira, por huma semelhante culpa. E se a interrupçaõ foy sem cauza por muyto tempo, alguns Authores o condenam a culpa grave, mas o contrario he mais provavel, porque a qui se naõ falta a couza essencial Villalob. citado difficul. 11. n. 3.

O que rezou de hum Santo, havendo de rezar de outro ou de feria, naõ tem obrigaçaõ de tornar a rezar, pois tem satisfeito a opreceito, que manda rezar o Officio Divino, diz com outros Azor, parte 1. liv. 10. Cap. 10. q. 2. e se ofez sem cauza peccou venialmente; com cauza, ou por descuido, naõ peccou, Mas deve advertir com Villalob. difficul. 13. n. 3. que se por erro rezou de hum Santo hoje, do qual havia de rezar á manhã, naõ reze à manhã, do Santo, que havia de rezar hoje, mas torne a rezar do mesmo, porque menos mal he errar huma vez o Officio Divino, do q̃ duas. E tambem se ha de advertir, que quando o Officio tem misterio particular, que respeita a algum dia, naõ se póde rezar

nelle

nelle outro, affim fe naõ pòde rezar na Dominga da Paixaõ o Officio da Dominga de
Pafcoa, mas poder feha rezar efte havendo
alguma cauza em hum dia de feria, ou em
dia que fe reza de algum Santo, torrecilla
expondo a propofiçaõ fexta condenada de
Alexand. VII. porque aqui fó fe varia o
modo da reza; e variar o modo na obfer-
vaçaõ dos preceitos, havendo cauza, naõ
he culpa; fem cauza, he fó culpa venial;
dizem commũmente os Authores.

Em quanto á integridade, fe deve dizer
tudo bem pronunciado; mas fe por impé-
dimento natural da lingua naõ pôde pronunciar bem, fatiffaz em pronunciar como
póde; e o que reza com elle altrenativa-
mente, tambem fatiffaz, fem que repita o
que o outro pronunciou mal, fegundo huma conceffaõ de Leaõ X. aos Frades da noffa Ordem, que traz Villalob. citado difficul. 10. Da qual conceffaõ fe infere, para
quietar conciencias timuratas, que a Freira
que no coro pela grande diftancia, ou rui-
do da Igreja naõ precebe bem as lições,
ou capitulos, que as outras dizem, fatiff-
faz. Como tambem fatisfas a Freira, que fabio
do coro a bufcar alguma couza neceffaria para o mifterio e folemnidade do Divino Officio

ou fe occupou em regiftar os livros, fem que
reze iffo a que faltou por fazer as taes diligé-
cias: he opiniaõ recebida de todos com
Villalob. difficul. 17. n. 14. Ultimamente
digo, que nefte preceito como em todos ha
parvidade de materia; a difficuldade eftá em
affinar a quantidade, que conftitua culpa
grave, ou leve em deixar de rezar alguma
couza do Officio Divino, porque nifto variaõ muito os authores; o que fegundo os
mais claflicos me parece mais provavel he,
que deixar de rezar a terça parte de huma
Hora, que nas Matinas he hum noćturno,
e nas mais horas hum Pfalmo, ferà peccado mortal, e fendo menos, ferà peccado
venial. Advertindo-fe porém, que quem deixaffe de rezar todo o Officio de hum dia,
naõ comete mais de hum peccado, ainda
que feria mais grave, do que fe deixaffe
huma, ou duas Horas. Arezaõ he, porque
todas as fete Horas Canonicas naõ faõ mais do que hum Officio, como tem o commum dos Authores com Villalob. citado
difficul. 9. n. 2.

CAPITULO VII.

De quem ha de adminiftrar os Sacramen-tos às Freiras.

§. I.

Donde as Freiras tiverem proprio Capel-laõ, &c.

A Priméira couza, que effencialmente máda oPontifice nefte Copitulo, he que as Freiras recebáõ os Sacramentos da máo da quelle Sacerdote, que pelo Senhor Cardeal Protector lhes for affinado. Efta determinaçaõ de Confeffor, eftá hoje cometida ao Geral, e Provinciaes da Ordem, a cuja jurifdiçaõ, e governo eftaõ os Conventos das Freiras fujeitos. E affim toda a Freira que fe confeffar com Confeffor, que lhe naõ feja de putado pelos feus Prelados, faz confiffaõ nulla por defeito de jurifdiçaõ no Confeffor.

Aqui fó fe póde duvidar, a o menos fe poderáõ confeffar as Freiras de peccados veniaes, ou mortaes jà confeffados com outro qualquer Confeffor, álem dos deputados para ellas pelos feus Prelados, ou eleger Confeffor por virtude da Bulla da Cruzada.

zada? A primeira duvida refpondo , que
antigamente foy opiniaõ cómmũa, e pra-
ticada o poderfe confeffar dos taes peccados naõ fó com qualquer Confeffor appro-
vado , mas ainda com Sacerdote fimplez;
porém hoje fe naõ póde fazer, porque da
Congregeçaõ dos Senhores Cardeaes emá-
nou hum decreto em 12. de Fevereiro do
anno de 1679. por mandado de Innoc. XI.
em o qual fe prohibem as taes Confiffoens,
detreminando que nenhum penitente fe confeffe, fe naõ com ós Confeffores, que tiverem licença dos Prelados dos penitentes.

A fegunda duvida refpondo, que nenhuma
Freira de qualquer Ordem que feja, póde
uzar da Bulla parà eleger Confeffor contra
a vontade dos feus Prelados ; e dizer o contrario he fazer capricho de ir contra a vontade dos SS. Pontifices, pois todos os que
em varios tempos foraõ perguntados p^e los
Prelados das Religioens, e feus procu^{a}do-
res. fe os Regulares podiaõ uzar da Bulla
da Cruzada, refponderaõ, que em ordem
a eleger Confeffor de nenhuma forte, e entre elles Leam X. mandou aos Frades de N.
P. e Freiras de Santa Clara com pena de
excommunhaõ, que para efte fim naõ pudeffem uzar da Bulla. E affim Dianna parte 4.

tr. 4.

tr. 4. reful. 43. que a opiniaõ contraria nem
he provavel, nem fegura; e com razaõ;
pois naõ póde haver opiniaõ fegura contra
textos expreffos, quaes faõ, os mandatos
Pontificios.

Nem póde fazer alguma força pela par-
té contraria o dizer, que os Pontifices naõ
pódem atar as mãos aos feus fuceffores, para naõ conceder privilegios; e como a ultima Bulla concedida dà faculdade a todos
os fieis, indetriminadamente para poder eleger Confeffor, naõ obftante as declaraço-
ens dos Pontifices paffados, o poderaõ eleger por virtude, e authoridade do ultimo
Pontifice, que a concede.

Que a ifto refpondo, que na mefma Bulla o prohibe, pois no fim della diz, que
deroga todos, e quaesquer privilegios, que
façaõ contra as graças, que na Bulla fe concedem, excepto os concedidos aos Prelados dos Mendicantes em ordem aos feus
fubditos; e como hum delles feja, que nenhum fubdito fe confeffe contra a vontade do feu Superior, bem claramente femo-
ftra, que naõ podem uzar de tal Bulla para efte fim da confiffaõ, prohibindo-o o Prelado, como de facto o prohibem às Freiras nos Eftatutos Cap. 4. E fe alguem ainda
quizer

quizer enfinar o contrario , darà a Deos conta das conficoens facrilegas , e nullas que
por feu refpeito fe fizerem.i Por virtude do
Jubileo geral ; que fe concede na eleiçaõ do
novo Pontifice,ou outros femelhantes , podē
os Regulares eleger Confeffor,como os Doutores cõmummēte enfinaõ. Portel, verb. cafus
refervatis n.2.

· A fórma em que os Confeffores haõ de hir
reveftidos , quando entrarem nos Conventos,
a adminiftrar os Sacramentos; quem os ha de
acõpanhar;e quanto fe haõ de deter dentro na
clauzura, naõ necefita de explicaçaõ, porque
a Regra nefte Cap.7.expreffamente o declara;
e os Eftatutos geraes Cap.8. da clauzura. E as
Freiras das outras Ordens o devem de ter
tambem expreffo nas fuas Conftituiçoens, e
affim todas eftaraõ pelo feu antigo coftume.

Aqui fe póde duvidar , fe o companheiro
do Confeffor podera fer leigo , vifto mandar
o Pontifice, que entrem reveftidos em alva ,
ou menos fobrepeliz? Diz Manoel Rodrigues
que bem póde fer leigo , e ainda que o Cole-
ctor o naõ tem por feguro, dà o P.a razaõ;por-
que o entrarem reveftidos naõ he uzo taõ uni-
verfal, que em algumas partes fe naõ faça o
contrario, e ainda que efte uzo como menos
decente,e contra a determinaçaõ Pontificia,
o devem

devem os Prelados tirar onde ouver, delle
se colige naõ, implica o ser leigo o companheiro. V.illalob. parte 2.tr 35. dific.47.n,2.
Duvida-se tambem, para que confisloens
póde entrar o Confeſſor na clauzura? Ao
que reſpondo, que naõ ſó para a confiſſaõ
da hora da morte; mas tambem ſe a Freira eſtiver enferma, de ſorte que naõ poſſa
vir à grade confeſſarſſe, poderá o Confeſſor entrar a confeſſalla nos dias que ella
por preceito da ſua Regra tem obrigaçaõ
de confeſſarſe; e ainda fòra deſtes dias, nos
que julgar tem neceſſidade de confeſſar-ſe,
ou comungar, diz Manoel Rodrigues, pro-
vando-o de huma Conceſſaõ de Alex. VI.
e outra de Pio V. Em quanto ás Freiras
Claras lho concede a ſua regra neſte Cap.

§. II,

Dos cazos rezervados.

NEſte Capitulo da confiſſaõ pertence
dizer, que as Freiras ſujeitas ao regimen dos Frades Meneros tem dous cazos
rezervados; aſſim conſta dos Eſtatutos Cap.
3. da confiſſaõ. Deſtes cazos naõ podem
ſer abſoltas ſe naõ pelo Padre Provincial,
I   a quem

a quem faõ rezervados, ou por que tiver, delle para iſſo authoridade, ſalvo for na hora da morte, iſto he, em confiſſaõ que ſe faça eſtando em prigo de vida, porque neſſa hora naõ ha cazo algum rezervado, diz o direito. E às Freiras Urbanas o meſmo Pontifice lho concede na Regra quando diz, que ſe naõ poderáõ confeſſar ſe naõ com Confeſſor deputado pelo Sénhor Cardeal. Protector: ſalvo eſtiverem em extrema naceſſidade.

Sixto IV. concedeo aos Mendicantés, e por communicaçaõ a todos os que participaõ dos ſeus Privilegios, que na hora da morte pudeſſem eleger a qualquer Confeſſor ſecular, ou Regular, que os abſolveſſe como ſe foſſe o meſmo Papa; e lhes concedeſſe Indulgencia plenaria, como ſe póde ver em Antonio do Eſpirito Santo no Directorio Confeſſar. tr.5. diſp. 15. ſect.4. e ainda he opiniaõ provavel, que neſſa hora póde eleger a qualquer Sacerdote ſimpliz.

O primeiro cazo rezervado he, ſe alguma Freira tomar, guardar, ou receber roupa, ou alguma outra alfaya de freira defunta. O ſeguõdo, ſe alguma Freira infamar a outra Religioza. Em quanto ao primeiro ca-

zo ; para que o peccado feja rezervado, he
neceffario que realmente fe tome a couza
prohibida , ou fe guarde a quem a tomou,
e naõ bafta o dezejo de fazello , porque a
rezervação como he pena, naõ fe incorre
fenaõ pelo acto confummado exteriormente, o mefmo Eftatuto diz: tomar , ou guardar ; e naõ diz , de zejo de tomar , ou receber: Tambem he neceffario, que o que
fe toma , ou guarda, feja couza de valor,
que em materia de furto conftitua peccado mortal, porque o peccado venial, naõ
fe rezerva ; e que fe furte a Freira de funta , porque fe o tomar a algũma Freira viva, ou de poffoa que naõ feja Freira, a-
inda que peque mortalmente , naõ incorre em culpa rezervada , pois os Eftatutos fó
fallaõ de alfayas de Freira defunta.

Em quanto ao fegundo cazo , fe deve
difçorrer da mefma forte , que para incorrer em culpa rezervada, fe ha de infamar
algũma Freira , defcobrindolhe para dentro,
ou fóra do Convento alguma falta , em que
ella perca a opiniaõ , e credito ; ou levan-
tandolhe algum teftemunho falfo ; e affim
fe a falta que lhe defcobre ; ou impoem
naõ he couza que infame , naõ incorre em
culpa rezervada. Como tambem naõ inco-

rrerá

rrerá ņella, ſe infamar á hũa peſſoa ſecular ; a inda que peque gravemente , e fique
obrigado à reſtituiçaõ. do credito. Pela ex-
plicaçam deſtes cazos poderám ſer en-
tendidos os cazos rezervados das Freiras de
outras Religioens ſe nellas os ouver. E devem advirtir os Confeſſores , que todo o
que abſolve a alguma peſſoa Regular Frade, ou Freira de peccado rezervado , ſem
ter para iſſo licença , álem da nullidade da
contiſſaõ que ſe faz , incorre ipſo faſto em
excommunhaõ poſta por Alexan.VI.Anton.
do Eſpirito Santo no ſeu Direſt.Regul.p.1.
tr.2.diſp.2. n.31. &c.

Ultimamente ſe diz , que as Freiras par-
ticipando do privilegio , que concedeo Sixto V. podem ſer abſoltas pellos ſeus Confeſſores , todas as vezes que ſe confeſſarem,
de todos os cazos rezervados ainda ao Summo Pontifice , excepto a herezia externa , e
os cazos da Bulla da Cea ; e tambem deſtes ſendo occultos por conceſſaõ de Sixto
IV. ou ſeja pelos ſeus Prelados , ou pelos
Confeſſores ordinarios ; e ſendo pelos Pre
lados , abſolver dos cazos da Bulla da Cea
publicos , e eſte poder podem os Prelados delegar como enſina Antonio do Eſpirito Santo citado. E por Conceſſaõ de Lj-
árı.

am X. as podem abfolver quatro vezes no anno de todos os peccados, e cenfuras a-inda rezervadas ao Summo Pontifice, excepto a herezia externa.

' Efte mefmo privilegio concedeó o mef-mo Pontifice para todas és feftas de Saba-oth. e de Noffa Senhora, nos dias de Saõ Pedro e Saõ Paulo, eindia de N. P. S. Francifco, de S. Clara, dia detodos os Santos, dia de Santa Catharina Martyr, e por toda a fomana fanta; em todos eftes dias as podem abfolver taõ plenáriamente, como fe o mefmo Pontifice as abfolvera, excepto da herezia externa, como declarou Paulo V. De todos eftes privilegios gozaõ as Freiras fujeitas ao regimen dos Frades Menores, e todas as que participam dos feus privilegios: eftes e outros fe podem ver em Antonio do Efpirito fanto citado. E ainda que alguns Authores duvidaõ, fe para uzar deftes privilegios he neceffaria licença efpeçial do Prelado, diz Hieron. Rodriges q̃ naõ, porque fempre no foro da concienci-a-ha, e o declarou o Reverendiffimo P. Frey Francifco dos Anjos fendo Miniftro geral, diz o P. Jozeph de Avallos.

' Tambem em todós eftes dias podem as Freiras fer abfoltas dos cazos rezervados pela

pela Ordem , porque quando no privilegio
fe concede o mais , fe julga conceder o menos , e menos he abfolver dos cazos rezervados á Ordem , do que ao Pontifice , diz
Antonio do Efpirito Santo de Sacramento
Pœnit. tr. 5. difp. 16. fect. 7. porém ifto fe
entende , fe naõ ouver Ley em contrario ,
pois os prelados por Conceffaõ de Julio II.
Paulo V. Leam X. podem impedir aos fubditos o uzo dos privilegios. Em quanto às
Freiras Claras o feu Eftatuto para efte particular lho naõ impede ; as das outras Religioens o poderáõ ver nas fuas Conftituiçoens.

CAPITULO VIII.
Do trabalho , em que fe haõ de o cu-
par as Freiras

§. UNICO.
De algumas Irmans moças , ou
outras , &c.

NEfte Capitulo difpoem a Regra , como as Freiras haõ de repartir o tempo , porque nunca o tenhaõ o ciozo,
pois fempre a ociozidade foy inimiga cruel da virtude, Diz que nolugar , e hora q̃
a Abbadeça de terminar, fe juntem as Freiras

ras, que forem capazes de ferviço, a trabalhar, mas que o trabalho feja em tal mã-
neira, que naõ extinga o efpirito da oraçaõ,
e devoçaõ, porque ha de haver differença
das fervas de Deós, às fervas domundo; os
fervos do mundo fó cuidaõ em ajuntar riquezas pela fua induftria, e os fervos de
Deos trabalhaõ fó no que lhes he precizá-
mente neceffario para a conferyaçaõ da vi-
dá, e o demais tempo gaftam-ño em exercicios efpirituaes.

As Freiras da primeira Regra lhes manda o Eftatuto, Cap. 4. da pobreza, que tudo ó que trabalharẽi feja para o commum
do Convento, porque o Convento lhes ha
de dar tudo, o de que neceffitẽm, fegũdo a moderaçaõ que pede a vida que profeffaõ. Todos os Conventos aviaõ de fer
affim, porque defta forte fe obfervaria bem
a vida regullar; mas ja que por mizeria dos
tempos, e incuria dos Prelados (de que
elles daraõ a Deos riguroza conta) naõ he
affim, procurem as Freiras quando lhes for
poffivel obfervar o que a qui lhes manda a
fua Regra, trabalhem o que fó lhes for neceffario para remediar moderadamẽte as fuas neceffidades, como quem profeffa huma
riguroza pobreza, e cuidem muito em naõ

faltar

faltar por efte refpeito aos actos da Comunidade.

E de nenhuma forte uzem de palavras, que indiquem ter fenhorio nas couzas, como a Regra lhes adverte: e, a nenhuma convem dizer fer a couza fua, porque quer Santa Clara que as fuas filhas até nas palavras moftrem que faõ pobres, livres de toda a propriedade. Mas fempre façaõ grande efcrupulo de perder tempo, pois he o tempo huma joya muy precioza, que perdido fe naõ repara, e por cada hora perdida, ou ocupada em couzas vans nos efpera hum rigurozo caftigo diante de Deos. Todo efte capitulo tirou Urbano da primeira Regra de Santa Clara.

CAPITULO IX.

Do filencio que haõ de guardar as Freiras.

§. UNICO.

O filencio feja affim guardado continuamente, &c.

Todo efte Capitulo foy tirado da primeira Regra de Santa Clara, nelle difpoem

em

em Urbano IV. e tinha mandado a Santa Fundadora, que as Freiras guardaſſem tanto ſilencio, que nenhumas fallaſſem com as outras ſem licença da Abbadeça; como quem ſabia, dizer o Eſpirito Santo, que ſe naõ póde fallar muyto,ſem que ſe tire por fruto peccados: *In multi loquio non deerit peccatum*, (Proverb.10.19.) pois nas converſaçoens ſe encontra a murmuraçaõ; dellas ſe tiraõ as eſpecies, que divertem o recolhimento da oraçaõ, por iſſo nos ſeus Threnos nos diz Jerem, que he muyto util orar a Deos com ſilencio: *Bonum eſt præſtolari cum ſilentio ſalutate Dei.* (Threm.3.26.) O certo he que o Verbo Divino encarnado para apparecer no mundo aos homens, buſcou a hora,em que tudo eſtava em ſilencio: *Dum medium ſilentium tenerent omnia*;e que no Ceo entre ſilencios communica Deos a ſua gloria aos Bemaventurados: *Factum eſt ſilentium in Cælo*; (Apocal. 8.) e aſſim em quanto nos Conventos naõ ouver ſilencio, nem averá a aſſiſtencia de Deos, nem a communicaçaõ dos ſeus favores.

Bem ſei que ás Freiras lhes ſerà dificultozo guardar ſilencio com o rigor, que o Pontifice, e a ſua Santa Fundadora mandaõ, mas he por falta de uzo, que ſe ſe expuzeraõ a iſſo, em pouco tempo tiráraõ eſte mao coſtume, que

faz

faz parecer os Conventos, e Cazas de Deos, habitaçaõ de feculares mundanos. Naõ duvido que o inveterado uzo em que eftaõ, as livrará de culpa em naõ guardarem filencio taõ inteiramente como a Regra o manda;mas digo, que em quanto affim viverem , nunca conheceráõ melhoras no efpirito. A Religioza pois que o quizer fer, cuide muito em viver recolhida na fua cella , e nas occazioens que he neceffario fallar, acoftume-fe a fallar baixo , como fe lhe manda no Eftatuto, pois o dezétoado das vozes em toda a parte,e em todo o lugar he vicio,quanto mais nas peffoas Religiozas,e na Caza de Deos.Na fua doutrina diz S. Boaventura, que o Religiozo deve eftar com tanta quietaçaõ , e filencio na fua cella, que naõ perturbe ao vizinho , que eftá occupado na fua. As horas em que naõ podem entrar as Freiras humas nas cellas das outras e os lugares em que devem guardar mayor filencio ; ou veraõ nos Eftatutos Cap. 3.§ 4.pois Eugen. IV. cometeo aos Prelados o difpenfarem no filencio.

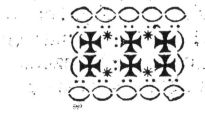

CAPITULO X.

Do modo de fallar.

§. UNICO.

Todas procurem uzar de finaes, &c.

DEpois do Capitulo do filencio, ordenou outro o Pontifice, do modo que haõ de ter as Freiras no fallar: nelle lhes manda, que para fallar uzem de huns finaes honeftos, e Religiozos. Eftes poderaõ fer v.g. que quando huma Freira chamar a outra, refponda: *Deo gratias;* ou quando bater à porta de outra Freira diga: *Deo gratias;* e ella refponda: Para fempre; o mefmo poderá fazer; quando entra onde eftá ajuntamento de Freiras, dizendo: Louvado feja Chrifto: e ellas refpondaõ: Para fempre, N. P. S. Francifco tambem uzava de ter por refpiraçaõ, e ao modo de jaculatorias eftas palavras: *Deus meus, & omnia:* Meu Deos, e todas as minhas couzas; outras vezes dizia: *Benedictus Deus:* Bendito feja Deos. Util couza feria que as Freiras o uzaffem, que como o q̃ eftá no coraçaõ fae a boca: *Ex abundantia cordis os loquitur,* nas palavras moftrem fempre, que trazem no coraçaõ
unido

unido a feu Divino Efpozo JESUS Chrifto.
Eftes finaes, que o Pontifice manda uzar ás
Freiras da fegunda Regra, para todas as mais
ferá confelho, mas para ellas;lhe preceito,ain-
da que de matéria leve.

Tembem lhes manda, que quando feja ne-
ceffário fallar na grade a alguem, feja com licença da Abbadeça, e em companhia ao menos de duas Freiras, para que teftemuhem o
que ella falla. Com que efte preceito as obriga a que naõ fallem fem licença;e ás Efcutas,
aque á denunciem á Prelada fe ella no fallar
exceder a modeftia Religioza, que pede o feu
eftado, e que o Pontifice lhe recomenda, que
para efte fim he que o Pontifice manda lhe
affiftaõ. O que eu advirto às Madres efcutas,
que he melhor ferem avaliadas por mais rigu-
rozas, e menos politicas para os mundanos,
do que dar conta a Deos de diffimular culpas
alheas, pois em as difimular peccaráõ mais,
ou menos gravemente, fegundo ou mais; ou
menos grave que diffimularem,pois por razaõ
do officio eftaõ obrigadas á evitalo, quanto
moralmente lhes for poffivel. Mas fe com as
reprehenderem particularmente de algum
defeito, que naõ foy publico a muitos, efpe-
rarem emenda, ficaráõ por effa vez defobrigadas de as denunciarem à Abbadeça;porque
affim

affim uzando da correicçaõ fraterna, que manda Chrifto:*Si peccaverit in te frater tum,&c.*
(S.Mat.18.) evitaõ a infamia da delinquente,
e a definquietaçaõ da Prelada.

CAPITULO XI.

Do jejum, e abftinencia das Freiras.

§. I

Todas as Irmans encerradas, &c.

N Efte Capitulo devemos de prefuppor,
que as Freiras de Santa Clara por força
da fua primeira Regra eftaõ obrigadas
a jejum perpetuo. E que as da fegunda Regra
feita por Urbano IV, eftaõ fó obrigadas a jejuar defde o dia da Natividade de Noffa Senhora a 8. de Setembro, até a Refurreicaõ de
Chrifto, e em todas as feftas feiras do anno.

Em fegundo lugar fe ppoem, que Eugen.
IV. no anno 1446. moderando o rigor defta
Regra, mandou que todas as Freiras de Santa
Clara, e as da Treceira Ordem, e as mais, que
eftiveffem fujeitas ao regimen dos Frades
Menores, naõ foffem obrigadas a jejuar fenaõ
os dias, que os ditos Frades eftaõ obrigados
a jejuar

ajejuar pela fua Regra, obfervando a mefma
forma que elles guardaõ nos cómeres quaref-
maes (excepto as fracas, e enfermas;) e que
nos de mais jejuns, como faõ as quatro temporas, e Vigilias guardaffem o coftume das
terras, em que moraffem, fegundo o qual lhes
feria licito comer ovos, e lacticinios, alivian-
do-as de peccado mortal em todos os preceitos da Regra, excepto os quatro votos, e eleiçaõ, e depoziçaõ injufta da Abbadeça.

Com que por efta difpenfa ficaráõ as Freiras
Claras, (ainda que eftejaõ fujeitas aos Bifpos)
e todas as fujeitas ao regimen dos Frades
Menores, defobrigadas dos jejuns da fua Regra, e fó obrigadas aos jejuns da Regra dos
Frades Menores; fó com efta differença, que
os Frades tem obrigaçaõ de peccado mortal,
e as Freiras fó de venial, fegundo a difpenfa
de Eugenio, excepto os jejuns da Igreja, a
que eftaõ obrigados todos os Catholicos tendo idade: ifto fuppofto,

Digo que as Freiras fobreditas fó eftaõ
obrigadas a jejuar as feftas feiras do anno, o
Advento que começa defde o dia de Finados
até o dia de Natal, a Quarefma da Igreja, as
Vigilias, e Temporas, porque fó a eftes jejuns
eftaõ obrigados os Frades Menores: as Vigilias, e Temporas por obrigaçaõ de Catholicos,

cos, os outros por obrigaçaõ da Regra. Os
jejuns a que os Frades eſtaõ obrigados pelos
Eſtatutos geraes, como ſaõ veſporas de Noſſa Senhóra, de N.P.S. Francifco, &c. naõ obrigaõ ás Freiras, porque Eugenio. IV. ſó lhes
manda jejuem os jejuns a que os Frades ſaõ
obrigados pela Regra. E quando os Eſtatutos
geraes das Freiras dizem, que ellas jejuem os
jejuns da ſua Regra, ſe devem entender os da
Regra dos Frades Menores, na forma da diſpenſa de Eugen. IV.

7. Os outros jejuns que o ſeu Eſtatuto Cap. 3.
§. 3. manda jejuar, como he no Sabbado, &c.
as naõ obriga, nem ainda a peccado venial,
ou a pena alguma, porque ahi ſó as exorta,
e aconſelha que jejuem neſſes dias; mas pouco amante ſera de Deos, e temente do Purgatorio, a que teñdo forças ſe naõ animar a elles.
A Quareſma da Epiphania, que chamaõ dos
Bentos, que começa em dia de Reys, e continua por quarenta dias, naõ obriga, porque ſó
he de conſelho. Em todos os jejuns podem
os Prelados, e Abbadeças diſpenſar com as
Freiras havendo neceſſidade. Felix Poteſt.
tom. 1. p. 3. n. 2910. com outros muitos; e a
meſma Regra o conceda ás Abbadeças das
Freiras Claras. Quando o ſubdito duvida ſe
a neceſſidade he ſufficiente para a diſpenſa,
deve

deve estar pela rezoluçaõ do Prelado, pois quando essencialmente a cauza naõ seja justa, a dispensa a faz ser.

Agora, supostó que a Regra das Urbanas lhes prohibe comer ovos, e lacticinios nos dias de jejum, e Eugenio IV. as mande acomodar com a fórma de comer, que nos seus jejuns guardaõ os Frades Menores, duvida-se, se os poderaõ comer em alguns dias de jejum? Respondeo, que na Quaresma da Igreja, de nenhuma sorte os podem comer sem necessidade, pois a toda a pessoa estaõ prohibidos por direito commum, Cap. denique dist.4. e está definido por Alexand. VII. na sua propoziçaõ 4. condenada no anno de 1666 e por costume universal obriga a culpa grave

Respondo segundo, que nos mais dias de jejum os podem comer sem culpa grave em qualquer terra que estejaõ os Conventos. E supposto Melphi, e alguns expozitores da Regra, como Corduba, Policio, e outros: diraõ que pelo Estatuto geral de Roma Cap. 3. §.6.n.1. estaõ os Frades obrigados de peccado mortal a naõ comer lacticinios, o contrario se mostra, porque Sixto IV. declarou, que nenhum costume, declaraçaõ, ou Estatuto de Ordem álem da Regra, ainda que fosse confirmado pelo Summo Pontifice, obrigava

a pecca-

a peccado mortal, e affim diz Portel, que a opiniaõ mais provavel he naõ obrigar neftes dias nem por direito, nem por coftume, e o prova largamente Felix Poteft. citado n.2853. logo fe os Frades naõ eftaõ obrigados, da mefma forte fe ha de dizer das Freiras.

e Diffe acima, que em qualquer terra que eftiveffem os Conventos; que como o Pontifice diz, nos jejuns da Igreja fe acomodem as Freiras com o uzo das terras em que eftiverem os Conventos, ainda que por uzo inveterado foffe peccado mortal em alguma terra comer lacticinios nos jejũs fóra da Quarefma, para as Freiras, o naõ feria, pois Eugen. 4. na declaraçaõ que fez da Regra fó deixou de peccado mortal, como temos dito os quatro votos, e a injufta eleiçaõ, e depoziçaõ da Abbadeça.

Nem ainda ferá peccado veníal em Portugal, e Caftella, pelo uzo que ha de comer nos taes dias lacticinios: o qual uzo, ainda que feja difficultozo provarfe da pratica, pela univerfalidade com que todos tomaõ a Bulla, prova-fe dos Doutores que o enfinaõ, como fe póde ver em Portel, Fagund, Torecilla, Corella, e outros; e fe alguns do povo efcrupulizaõ nifto, fera por conciencia herronea, que naõ faz ley.

Nos Domingos da Quarefma duvidaõ os

K　　　　Authores,

Authores, fe fe podem comer ovos, e lacticinios. Por huma, e outra parte ha muitos Authores; a parte negativa me parece mais provavel, por fe fundar em direito, e coftume, e fuppofto que os Domingos naõ fejaõ dias jejuaveis, faõ dias de abftinencia. Felix Poteft. Torrecilla, e commummente os Doutores mais modernos.

§ II.

Das Freiras que eftaõ dezobrigadas de jejuar.

EM quanto aos jejuns da Regra, nenhuma Freira eftà dezobrigada, ainda que naõ tenha vinte e hum annos: a razaõ he, porque pela profiffaõ cederaõ do direito commum, que izenta de jejuar aos que naõ temos taes annos: he opiniaõ commua contra Medina, fundado em que os preceitos da Regra naõ obrigaõ mais que os da Igreja. Mas prova-fe o contrario: porque a regra obriga como fe fizeraõ voto efpecial de jejuar aquelles dias; pois fizeraõ voto de guardala. Felix Poteft. Villal. parte 1. tr. 23. dif. 4. n. 5.

As velhas de feffenta annos, e na opiniaõ de outros, as de cincoenta, havendo alguma debilidade,

bilidade , pois aos cincoenta annos começa
na opiniaõ dos Medicos avelhice, diz Felix
Poteſt.n. 2892. citando a Leandro, e Portel,
que eſtaõ dezobrigadas dos jejuns da Regra:
a razaõ he ; porque a velhice per ſi he enfermidade, ſegundo o axioma: *Senectus ipſa eſt*
moribus, e ſuppoſto que alguns velhos deſeſ-
ſenta annos moſtrem ſer muy robuſtos, ſempre, pelo que a tal idade declinando nas forças eſtá expoſta a varios achaques , os dezobriga , pois ninguem ſe deve pôr em perigo
proximo de enfermar. Porém eſta razaõ me
naõ convence quanto aos jejuns da Regra;
porque ſe os moços menos de vinte e hum
annos , que a Igreja dezobriga do jejum ,
reſpeitando ao que neceſſitaõ roborar as forças , ſe diz que naõ eſtaõ dezobrigados dos
jejuns da Regra, por terem cedido ao privilegio do direito que os izentava , o meſmo ſe
deve dizer dos velhos.

E que iſto aſſim ſeja nas Freiras Urbanas,
ſe prova da meſma Regra,pois neſte Capitulo
do jejum diz o Pontifice , que poſſa a Abbadeça diſpenſar com as Freiras moças de pouca idade , e com as velhas : logo ſuppoem
o Pontifice que as velhas eſtaõ obrigadas a
jejuar aſſim como as moças.E que ſó o ſerem
velhas he cauza ſufficiente para diſpenſar

com ellas, ainda que naõ tenhaõ mais achaque, que o decrepito dos annos.

Diſſe dos jejuns da Regra; porque os da
Igreja, Vigilias, e Temporas nem as Freiras
antes dos vinte e hum annos, nem as velhas
eſtaõ obrigadas a elles, como enſinaõ os Doutores commummente, e o uzo, que he o melhor interprete das leys. Sabem os timoratos,
naõ tendo mais achaque, que a velhice, ſeguem em praxe a opiñiaõ contraria; velhos
vejo na minha Provincia de oitenta e noventa
annos, e nunca os vi izentar da obrigaçaõ
do jejum. A Freira que ſe ſentir com pouco
eſpirito para os jejuns referidos, peça à Abbadeça a diſpenſe e ficarà dezobrigada deſſa
culpa, que ainda que venial, he muito para
temido, pois ſuppoſto nos naõ apartem os
veniaes da graça de Deos, entibiaõ-nos no
ſeu amor, e punem-ſe com hum rigurozo
purgaturio.

Neſte preceito do jejum ſe dá parvidade
de materia como em todos os mais. Duas onças de pezo commummente aſſinaõ os Doutores por prava quantitas, as quaes tomadas,
ou por huma vez, ou por muitas, em tal maneira que eſas muitas vezes juntas façaõ o
computo das duas onças, naõ quebraõ o jejum; ſe ſe tomarem ſem cauza, ſerá peccado
venial,

venial; fe com algũna cauza. v.g. por fazer a vontade a hum amigo, que o roga, ou porque lhe naõ faça mal a bebida que ha de tomar, ou por provar oguizado que tempera, ou por alguma debilidade que finta, naõ ſerá culpa alguma.

Tudo aquillo que he puramente bebida naõ offende o jejum. Daqui nace que o chocolate tomado ſem medida he reprovado dos Doutores mais graves, porque pelos ſeus miſtos ſe toma mais em fórma de comida, do que de bebida, ou he mais para ſaciar a fome, do que para extinguir a ſede. E da meſma ſorte ſucco das uvas, e a melancia, que ſuppoſto com qualquer diligencia ſe converta na boca em agua, lá tem huma certa groſſura, que os faz ſer mais comida, do que bebida, e aſſim o chocolate, e eſtas couzas, e outras ſemelhátes, ſó ſe podem tomar em parva quantidade, na fórma a cima explicada.

§. III.

Da collaçaõ.

A Collaçaõ, que he permitida pela Igreja, naõ póde ter Regra certa, porque ainda que vulgarmente ſe diga ſe póde comer

o pezo de meyo arratel, ifto naõ póde fer regra geral para todos, porque humas naturezas
faõ mais vorazes que outras, e huns manti-
mentos mais fuftanciaes que outros, e ha humas couzas que fuftentaõ mais, e fartaõ menos, e outras que fatisfazem menos, e fuftentaõ mais: mais fatisfara meyo arratel de felada do q̃ hũa quarta de peixe, e mais fuftétará
o peixe, do que a felada, e affim refpeitando
á natural voracidade de cada hum, a qualidade do fuftento, e ainda o trabalho do dia,
determinarà a quantidade, a prudencia da
cônciencia timorata; e por livrar dos enganos
do amor proprio, quem naõ tiver noticia dos
livros, confulte-o com feu Confeffor douto,
e timorato, que lhe dê huma Regra geral,
atendidas as circunftancias referidas, e vivi-
rá livre de efcrupulos.

- Em quanto á qualidade, alguns Authores
ha, que dizem naõ fe pódem comer à collaçaõ
legumes; outros efpecialmente Hefpanhois
reprovaõ o peixe; outros queijo, e ovos. O
certo he, fegundo moftra a experiencia em
homens doutos, e timoratos, que de tudo o
que he licito comer ao gentar, fe póde comer
á colaçaõ com a moderaçaõ acima dita. Com
tudo com os ovos fe ha de hir com muita
cautela, por ferem muy fuftanciaes, e proximos

mos á fubftancia da carne, como femente della: affim diz Felix Poteft. n. 2886. que ovos
na fua efpecie fe naõ devem comer á collaçaõ, por fer contra o uzo, e bons coftumes,
e por iffo materia de efcandalo; mas miftu-
rados em algum genero de doces, fe podem
admitir pela parva quantidade; e queijo
tambem fe póde comer em pouca quantidade.

No que toca a horas de comer, o jentar
deve fer das onze horas até meyo dia, a collaçaõ à noite. Anticipar as horas de jentar nota-
velmente fem cauza, v.g. por duas horas,
ainda que Paludano, Navarro, e outros citados por Villal. parte 1. tr. 23. difficul. 9. digaõ
que he peccado mortal, a opiniaõ mais commua, e provavel diz que fó he peccado venial, pois nifto fe naõ falta à fubftancia do jejum, mas fó a huma couza accidental, porque a fua fubftancia he comer huma fó vez
ao dia; e affim tem Villal. no lugar citado com
outros muitos, que havendo alguma cauza,
jufta, e honefta, naõ ferá peccado algum efta
variaçaõ de tempo.

✠(§*⁂*§)✠
✠(§⁂*§)✠
✠(§*⁂*§)✠

CA-

CAPITULO XII.

Das Freiras enfermas.

§. UNICO.

Tenha-se grande diligencia e cuidado, &c.

NEfte Capitulo manda o Summo Pontifice fe tenha muito cuidado de curar as enfermas com charidade, e o Eftatuto geral cap. 10. da enfermaria o recomanda tanto às Madres Abbadeças, que lhes diz para feu curativo naõ reparem na pobreza; e foy advertencia bem neceffaria, porque fe as Preladas affiftiffem charitativamente às Freiras nas fuas enfermidades, feriaõ eftas mais obfervantes da pobreza, pois ordinariamente, fe bufcaõ ter peculios, e tenças, he com o pretexto de ter com que remediarfe nas fuas queixas, muitas vezes com o neceffario vem a ter o fuperfluo. Em fim he ó curar os enfermos huma virtude taõ neceffaria, e heroica, que fendo N. P. S. Francifco por amante da Santa Pobreza taõ rigurozo em prohibir a feus filhos o recorrer a dinheiro, e pecunia, fó para iffo lho permitio.

Contra

Contra efte preceito peccaõ as Preladas mortalmente por commiffaõ, fe faltarem com o necefario ás doentes, que naõ tem ten-ças, affim para o fuftento, como para os me-dicamentos. E por omiffaõ, peccaõ mais, ou menos, fenaõ vigiarem, e tiverem cuidado, que as enfermeiras lhes affiftaõ com pontualidade; e á ifto eftaõ obrigadas naõ pe-la Regra, mas por direito natural, e Divi-no. As Freiras particulares devem vizitar todos os dias as doentes, para as confola-rem; mas quando as enfermeiras faltem em alguma couza, ou por nigligencia, ou por mais naõ poderem, tem ellas entaõ obriga-çaõ de as fervirem, como queriaõ nas fuas doenças fer fervidas, pois inda que o Pon-tifice fó diz, que fe tenha grande cuidado com as enfermas, e naõ explica quem ha de ter efte cuidado, e por todos os direi-tos compita às Preladas, na falta deftas obriga ás fubditas, ainda por direito natu-ral. Nifto deviam imitar todas à fua Madre Santa Clara, que com as doentes era taõ charitativa, que naõ fó as curava pelas fu-as proprias mãos, mas de noite velava pa-ra cobrilas, e ver fe neceffitavam de algũa couza para lho adminiftrar.

C A-

C A P. I T U L O XIII.

A T-H E O . XVII.

EM todos eftes Capitulos naõ a cho
couzá , que necefíite de explicaçaõ,
mais que obfervarem os Prelados, o
que o Summo Pontifice, lhes recomenda
nelles para refguardo da clauzura, e as Freiras particulares conciderem no fúmo eftudo
que o Pontifice fez de infinuarlhes a cautela, com que haviaõ de viver retiradas ao
trato, e viftas dos feculares as Efpozas de
Chrifto ; e as Porteiras verem a modeftia, que
faõ obrigadas a guardar, quando por força
do feu officio fe haõ de deixar ver das peffoas eftranhas, pois faõ os fobre efcritos
donde os feculares lem a refórma do Convento, e o que dentro nelle fe occulta ; e
finalmente a todas advirto, pezem bem o
efcandalo que daõ ao mundo, quando faltaõ à modeftia devida ao feu eftado neftes
publicos, porque depois lhes naõ peze diante de Deos ; quando pretenderem entrar
nos palacios dos eternos defpozorios, ve-
rem-fe repudiadas como as Virgens loucas
do Evangelho ; pois ferà huma terrivel couza

za ouvir dizer da boca de Deos hum *Nef-cio vos,* áquella que na Religiaõ fe gloriou com o titulo de fua Efpoza.

CAPITULO XVIII.
Das peſſoas que podem entrar nos Conventos.

§ I.

Quanto ao entrar no Moſteiro manda-mos firme, e eſtreitamente, &c.

NA explicaçaõ do voto da clauzura deixamos dito a culpa, em que enco-rriaõ as Freiras quebrantando-a, e as occazioens, ou cazos em que o direjto lhes permite fahir della licitamente. Neſte Capitulo fe dirà o peccado, e penas em que encorrem os que entraõ nos Conventos das Freiras, fóra dos cazos de neceſſidade, e quaes fejaõ eſtes.

A toda a peſſoa de qualquer fexo, qua-lidade, ou idade que feja, he prohibido por direito entrar nos Conventos de Frei-ras Cap. fericulofo de ſtatu Religion, lib.6. e pello Conc. Trid. feſſ.25. e 5. e ultimamen-te por Greg. XIII. no anno de 1575. deter-

minado

minadõ varias penas contra os que entra-
ſſem nos taes Conventos, e contra as Freiras que os admitiſſem, como abaixo veremos

Porém deſta regra geral primeiramente
ſe tiraõ os meninos, que carecem de uzo
de rezaõ, ordinariamente he até os ſete
annos de idade; e ſuppoſtto o Conc. Trid.
naõ exceptue idade, quando diz, _Cujuſcun-_
que generis . aut conditionis, vel ætatis
ſint, interpretam-no os Authores, e o ùzo
que he o melhor expozitor das leys, e porque os meninos naõ ſaõ capazes de preceito. Mas como a ſua entrada ſempre ſerve
de dezenquietaçaõ aos Conventos, ſanta
cauza fora que os Prelados a prohibiraõ. Naõ
poderàõ porém entrar os fatuos, ou loucos
que ſaõ crecidos, que ſuppoſto naõ tenhaõ
juizo para peccar, podem ſer cauza de alguma ruina eſpiritual, aſſim pecca gravemente quem os admite na clauzura. Bonac.
de Clauſ. q. 4. punct. 1. n.7. com outros muitos, que ahi cita.

Se as peſſoas Reaes, Reys, Rainhas, e
ſeus filhos, e filhas poſſaõ entrar em os
Conventos de Freiras, he queſtam entre
os Authores. Rodr. tom 1. q. 48. art. 1. e Sã-
ch. dizem que ſim; fundaõ-ſe em que Gregorio

gorio XIII. numerando as peffoas, e dignidades a que prohibia eftas entradas, diffe:
que ainda que foffem Marquezes, Du-
ques, ou Duquezas, e como naõ fallou em
peffoas Reaes, parece as naõ excluhia.
Outros tem o contrario; porque o texto do
Conc.. Trid. falla abfolutamente de todas
as peffoas, e dignidades. Em quanto as
Rainhas, e Infantas, e por confequencia
as da fua familia que a acompanhaõ, vemos eftár em uzo, e affim nenhum· efcrupulo pode aver em admitilas na clauzura
dos Conventos, Dos Reys, e feus filhos he
a mayor duvida, e como pela diverfidade
do fexo póde aver efcandalo, onde naõ
eftiver em uzo, feria materia efcrupuloza
a fua entrada.

Nos Conventos das Urbanas fe permite
pela fua Regra aós Cardeaes entrar com
alguns poucos companheiros, mas como
ao depois o Conc. Trid. faz huma prohibiçaõ geral fem excepçaõ de peffoa, feguem Manoel Rodrigues, e Villalob. parte
2. tr. 35.n.19. que nem o Cardeal Protector
póde entrar; mas como as leys geraes naõ
derogaõ as particulares, fe dellas fenaõ
faz mençaõ, julgo que efta prohibiçaõ ferá
para outros Couvétos, mas naõ para os das
Urbonas

banas, e affim os poderaõ as Freiras admitir, fem offender efta prohibiçaõ; e fuppofto que Gregorio XIII. revogou todas as licenças que havia para entrar nos Conventos; heraõ as licenças peffoaes particulares, e naõ efta que fe concedeo por modo de Ley á dignidade Cardenalicia.

Tambem defta Regra geral fe exceptuaõ as Freiras; v.g. fe huma Freira vay de caminho, póde entrar em hum Convento de Freiras da fua Ordem com licença fó da Prelada, porque efta fe naõ julga peffoa eftranha, diz Manoel Rodrigues, e Bonac. citado n. 3. e ainda Sanch. e Llamas o eftendem a Freiras de outra Ordem, o que julgo efcrupulozo, porque eftas, a refpeito dos Conventos de outra Ordem verdadeiramente faõ peffoas eftranhas: e o Conc. Trid. diz abfolutamente : *Cujufcunque generis*, *aut conditionis*; mas com tudo como tem opiniaõ, ao menos fe podera defender quem as introduzir no Convento, das penas impoftas aos tranfgreffores defte preceito.

Fóra deftas peffoas referidas, tres couzas fe requerem, para que poffa licitamene entrar é Cóvento de Freiras algũ homé, ou mulher. A primeira, ɋ feja peffoa honefta. A fegũda ɋ haja para iffo cauza jufta racionavel.

A tercerra,

ceira, que tenha licença do fuprior à quem toca concedela. Em quanto à cauza ferá a que tem o Medico, ou Ciurgiaõ de entrar a curar álguma Freira, ou recolhida, quando efta neceffita curarfe. Mas fe for fó para communicarlhe algum achaque, e commodamente o podem vir fazer á grade, ou portaria, nem elle póde entrar dentro, nem as Freiras admitilo, e fe o fizerem huns, e outros peccaõ gravemente, e incorrem nas penas dos tranfgreffores defte preceito.

Poderaõ entrar os Confeffores a adminiftrar os Sacramentos, como deixamos dito na explicaçaõ do voto da clauzura, e os que forem neceffarios para a brir a fepultura, e feis Frades para levar a defunta à fepultura, e naõ mais, fegundo declarou Paulo III. Os officiaes que haõ defazer alguma obra, quando efta fe naõ pode fazer fóra do Convento. Os que ouverem de levar alguma couza aõ Convento, como lenha, trigo, &c. quando as Freiras por fi, ou pellas criadas commodamente o naõ podem fazer; e affim fe deve aqui aduertir, que a cauza ha de fer legitima, e naõ apparente, pois faõ tranfgreffores defte preceito da clauzura em a opiniaõ detodos os que entraõ dentro nos Conventos fem cau-

cauza jufta; e naõ fe póde dizer cauza jufta, querer levar , que as Freiras , ou criadas commodamente podem levar fem grande detrimento.

Nefte Capitulo manda o Pontifice, que quando entrar o Medico, ou Sangrador a cu-rar alguma Freira, và acompanhado de do-us da familia do Convento do Confeffor , e Capellaõ , ou procurador. Mas Sixto IV. concedeo depois, que pudeffem entrar fem elles, e fó acompanhados de tres , ou quatro Freiras, e ainda hoje por uzo o podem a com-panhar menos Freiras. Tambem manda o Pontifice, que nenhuma Freira falle com as peffoas que entraõ dentro, e o advertem os Eftatutos em o Cap.8 da clauzura , falvo as officiaes no tocante ao feu minifterio; e affim as que fem neceffidade urgente fallarem com elles, faõ tranfgrefforas defte preceito , mas naõ de culpa grave.

Aos Frades Menores he prohibido pela fua Regra entrar em Comvento de Freiras, por iffo quando o Confeffor ouver de entrar dentro , naõ poderá levar por companheiro fenaõ o Capellaõ, ou procurador, pois fó eftes eftaõ deputados para o ferviço das Freiras; mas em cazo que os taes fenaõ achem pre-zentes, poderaõ levar outro Religiozo com-
figo

figo, naõ havendo para iſto fraude, e achan
do-ſe o Guardiaõ prezente, o poderá depu-
tar com licença prezunta do Provincial.
Villalob. parte 2. tr. 35. dificuld. 43. n. 11. E
por eſte reſpeito ſe infere, que ainda no
cazo, que ſeja neceſſario acudir a hum incendio, havendo outros que acudaõ; naõ
póde Frade menor algum entrar dentro no
Convento, fóra dos deputados para o ſeu ſerviço: Portel, Cordova, e outros q̃ cita, e ſegue
Villalob. citado n. 10. Mas por Conceſſaõ de
Leam X. Poderaõ entrar rogados do Biſpo
nos Conventos da ſua juriſdiçaõ.

- Para entrar huma mulher no Convento
de Freiras, diz Sanch. Miranda, e outros
que menos cauza baſta do que para entrar
hum homen; e ainda que Bonac. o naõ admite porque a ley o naõ diſtingue, a primeira o piniaõ me parece mais racionavel, porque o ingreſſo das mulheres em os Conventos das Freiras, he menos prigozo, e eſ-
candalozo.

Neſte Capitulo prohibe Urbano o poderem comer dentro nos Conventos ás peſſoas que nelles entraõ: mas Sixto IV. diſpen-
ſou para que pudeſſem comer os que entraõ
a ſervir os Conventos; e diz Mirand. que bem
ſe póde eſtender eſta faculdade a todas as

L   peſſo-

peſſoas que entraõ com licença, e jûſta cauza, e aſſim o tem in troduzido o uzo. Eſta
meſma prohibiçaõ de comer nos Conventos tem todas as Freiras de qualquer Religiaõ que ſeja, pois Pio V. revogou todas
as licenças concedidas a quaeſquer Peſſoas
que foſſem para comer, e dormir nos Conventos de Freiras ; mas ſe as ſuas Conſti-
tuiçoes o naõ prohibem, e o uzo o tiver
introduzido, poderaõ dar de comer aos
que entrarem, pela razaõ muitas vezes dita, de que o uzo faz ley.

Em quanto à licença determinada o Conc.
Trid. ſeſſ. 25. Cap. 5. que ha de ſer dada pelo Biſpo, ou Prelado quem eſcrito : iſto ſe
entende, diz Villalob. cada hum a reſpeito
das ſuas ſubditas; e no que toca à licença ſer em eſcrito, diz Miranda, e outros,
que ſó ſe entende para os cazos extraordi-
narios, que para os ordinarios, como ſaõ
para o Medico, Confeſſor, Officiaes, e Serven-
tes que entram carregados, baſta que ſeja
verbal, e aſſim vemos eſtar em uzo ; como
tambem para eſtes cazos da Abbadeça, pois ſe ſuppoem que os Pralados ſuperiores
lhes permitem concedella, por milhor ex-
pediçaõ do governo ; pois do contrario ſe
ſeguiria hum grande detrimento às Communidades.   Tam-

Tambem nefte Capitulo manda Urbano
à Abbadeça ; e Freiras examinem as licenças, que lhes forem aprezentadas, para alguem entrar naclauzura ; e que fe acharem
naõ fer a cáuza que allegaõ jufta , naõ as
admitaõ ; com que nifto devem pór muito cuidado, alias incorreraõ nas penas in-
poftas às que permitem entrar alguem nos
Conventos, como logo veremos.

§ II.

Das penas em que fe incorre pella viola-
çaõ da clauzura.

Oda a peffoa que entrar em Convento de Freiras fem licença , ainda que
naõ feja a máo fim , pecca mortalmente,
e incorre em excommunhaõ mayor pofta
pelo Conc. Trid. más efta excommunham
naõ he rézervada. porem fe entrar a mao fim,
incorre em excómunhaõ rezervada ao Summo Pontifice, como declarou a fagr. Con-
gr. diz Bonac. citado q. 4. punct. 5. n. 1. E a-
inda que naõ feja a mao fim, fempre incorrem em excommunhaõ rezervada ao pontifice , os q entraõ nos Conventos de Santa
L 2   Clara

Clara, pofta por Gregorio IX. e por Eugenio IV. e aos que entraõ nos Conventos da
Conceiçaõ, pofta por Julio II. e aos que
entraõ nos Conventos das Freiras Domini-
cas, pofta por Bonif. IX. Tambem os Prelados, que entraõ nos Conventos feus fubditos fem jufta caufa, peccaõ gravemente,
e incorrem em varias penas poftas por Greg.
XIII. e outros Pontifices, como fe pode ver
em Bonac. citado n.11.

Em quanto aos que permitem entrar na
clauzura, fe deve Prefupor, que tendo algumas Senhoras Titulares, Condeffas, e
Duquezas, &c. licenças para entrar em os
Conventos de Freiras, e Frades Pio V. as
revogou todas, mãdãdo a todos os Prelados, e
fubditos com pena de privaçaõ de feus
officios, e inhabilidade, para terem outros
na Ordem, e fufpenfaõ á Divinis *ipfo facto*,
que as naõ a dmitiffem com pretexto das
taes licenças; E aodipois Gregorio XIII.
confirmou efta Bulla, acrecentandolhe pena de excomunhaõ affim rezervada, a toda a pofloa que entraffe; e a quem as ad-
mitiffe com o pretexo das taes licenças, por eftarem todas revogadas. E debaixo das mefmas penas mandou, que ninguem pudeffe entrar nos fobreditos Conventos

tos com licença do Bifpo , ou Superior,
fem a ver cauza jufta para iffo , querendo
que fó valeffem as licenças dos Superiores,
a vendo cauza jufta para concedelas.

Suppofto pois , que as Freiras incorem
nefta excommunhaõ , e nas demais penas
referidas , fe deixarem entrar a alguma peffoa homen, ou mulher no Convento com
pretexto das antigas licenças revogadas :
duvida-fe , fe incorrem tambem neftas penas , fe as deixarem entrar , naõ fendo com
o pretexo de alguma licença ? Diz Navarro, e outros que fim ; fundaõ-fe em huma
declaraçaõ de Pio V. *Viva vocis oraculo*,
e diz Filiûcío, que efta he a praxe da penitencia deRoma. Suar.Rodrig. e outros muitos q̃ cita Diana,Villalob.tr.35.difficul.35.n.2.
tem o contrario, dizendo que efta declaraçaõ naõ confta fer authentica, e como ifto
faõ penas, fe devem reftringir, e naõ ampliar ; com que nefta opiniaõ fó peccaõ
mortalmẽte as q̃ os admitirẽ, mas naõ incor-
rẽ nas penas,porque a excõmunhaõ do Con
Trid. fó he para os que entraõ nos Cõ m .
tos, e naõ falla das que os admitẽ ...

Em efta variadade de opiniõe   l   (
no lugar acima citado , que fe
uzo da Religiaõ. Segundo efte ᴄ   ᴦ.

Freiras Claras em tal cazo só peccaõ mortalmente, mas naó incorrem na excommunhaõ,
porque os Eſtatutos das Freiras Cap.8. da
clauzura ſó mandaõ à Abbadeça, e às demais
Freiras por Santa obediencia, e privaçaõ dos
ſeus officios, que naõ admitaõ a peſſoa alguma no Convento, ſem fazer mençaõ mais,
que da prohibiçaõ do Conc.Trid. intimando
ahi aos Confeſſores as penas de Pio V. ſe ſe
ateverem a entrar nos Conventos ſem a neceſſidade, e licença neceſſaria, e ſe ellas ouve-
ſſem de incorrer na excommunhaõ, por
deixar entrar a alguem na clauzura, eſte hera
o proprio lugar de o advertir.

Difficulta-ſe aqui, ſe as Freiras particulares, aquem naõ eſtá cometida a guarda da
clauzura, como o eſtá á Madre Abbadeça, e
Porteiras, peccaraõ, e incorreraõ nas ſobreditas penas, ſe naõ impedirem o ingreſſo aos
que entraõ ſem licença, e ſem cauza? Reſpondo que naõ, ſalvo poſitamente lhes diſſe-
rem que entrem, porque jà entaõ co-operaõ
para à entrada. Bonac. citado punct.6.n.12. Devem comtudo advertilo à Prelada, para que
ella o emende; e ſe ella for a cauza da entrada, ao Prelado ſuperior. Iſto ſe entende quando com evidécia ſe conhece, que o q̃ entra he
ſem neceſſidade, e ſem licença, porque ne-
nhu-

nhuma Freira particular tem obrigaçaõ de andar inquirindo, fe he, ou naõ he baftante a neceffidade para a entrada, fe a licença he, ou naõ he verdadeira.

A Freira particular, que aconfelha v. g. à Porteira, que deixe entrar a alguem na clauzura, pecca mortalmente, mas naõ incorre nas penas acima ditas (na opiniaõ que fe incorrem a razaõ he) porque as penas, eftaõ fó impoftas aos que admitem, e naõ aos que aconfelhaõ, e quem dá o confelho fó admite indireaté, e como he ley penal, fe naõ deve ampliar. Encorrerá porem a Prelada fe o aconfelhar a alguem, porque efta por officio eftá obrigada a impedilo. Bonac.com outros muitos que cita n.13.

Tambem pecca, e incorre nas penas a Prelada, e as ̃q tem obrigaçaõ de defender a clauzura, fe converfando com as peffoas que entraraõ fem licenca, forem cauza de que ellas fe demorem dentro no Convento por muito tempo, e naõ cuidarem em lançalos logo fóra com todo o modo moralmente poffivel, pois Pio V. naõ fó poem as penas aos que os admitem, mas aos que os retem:*Vel admiffas quoquo modo retinere audeant.* Em quanto ás Freiras particulares, que por algum modo faõ cauza da tal demora, ainda que pequem

por

por co-operar a continuaçaõ do peccado;naõ incorem nas penas, porque o Pontifice fó as impoem aos Prelados: *Ipforum vero monafte-rium Abbatiffis, feu Prioriffis, ac fuperio-ribus fub eadem &c*. No que toca ás Freiras Claras, jâ acima deixamos dito, que fegundo fe colhe dos feus Eftatutos, nefte cazo pec- caõ gravemente, mas naõ incorrem em excõ- munhaõ.

Aqui fe adverte, que aos que entrõ com boa fé, imaginando que a cauza para entrar he jufta, e a licença valida, naõ peccaõ, pois naõ ha peccado fem malicia;mas tirada a boa fé, fe devem logo fahir dá clauzura,e as Frei- ras difpedilos. As noviças que entraõ para tomar o habito por conceffaõ de Paulo III. podem eftar no trage de feculares por dez,ou quinze dias, para experimentarem os rigores davida regular, fem oflenfa da clauzura.

No que toca a entrarem mulheres para cri- adas de Freiras, meninas para fe educarem nos Conventos, e fenhoras viuvas para nelles fe recolherem por melhor commodo de vi- da, bem claramente fallaõ os Eftatutos Cap. 13. naõ neceffita de explicaçaõ. Só advirto ás Freiras, que tem criadas particulares por Breve, que fenaõ neceffitaõ dellas, as defpe- çaõ da cluazura, e naõ confintaõ que ellas

fiquem

fiquem fervindo a outra Freira , que naõ he
difpenfada para tella , pois o Breve a difpenfa a ella, e naõ a outra, e fica a tal criada dentro no Convento como tranfgreffora da clauzura; fe fem dolo da difpenfa fervir à Freira
para quem foy difpenfada, e o tempo que lhe
fobrar fervir a outras , ainda que feja por in-
tereffe, licitamente, o poderá fazer.

· Finalmente os Prelados que entraõ nos
Conventos por razaõ de vizita, os Confeffores, Medicos, eos mais que entraõ a alguma dilgencia neceffaria ; tanto que a conclu-
irem , fe devem fahir logo para fóra da clauzura , como advertem os Pontifices, efpecialmente Urbaño IV. *Nec faciant ibi moram
longiorem*, aliás fe poem em rifco de peccar
gravemente , e incorrer nas penas a efte refpeito poftas. Villal. parte 2.tr.35. difficul.49.
com outros que ahi cita; com tudo fe fe deti-
verem algum breve tempo para verem as
officinas , naõ peccaraõ pela parvidade da
materia, a que favorece ouzo: efte breve tempo, huns o poem em hum quarto de hora, outros o eftendem a meya hora , affim vejaõ as
Religiozas como fe portaõ nefta materia,
que he de muita confideraçaõ.

CAPITULO XIX.

ATHE XXI.

NEftes tres Capitulos naõ acho couza, q̃ neceffite de explicaçaõ : porque no primeiro que difpoem ñouveffe em cada Convento algumas Freiras fem obrigaçaõ de clauzura, para fervirem ás Communidades da porta a fóra, o revogou o Conc. Trid. e Pio V. e Greg. XIII. O fegundo, que trata dos Capellaens, Convertidos, ou Donatos, que aviaõ de fervir os Conventos, jà os naõ ha, depois que o regimen das Freiras fe tirou do Cardeal, e fe deu á Ordem dos Menores. O terceiro, que trata do Procurador do Convento, Nos Eftatutos das Freiras Cap. 15. tit. das rendas, fe diz com toda a clareza tudo o que a efte refpeito he neceffario faberfe ; vejaõ-no as Preladas, para obfervarem, o que ahi fe lhes manda, pois fe o naõ guardarem á rifca as efpera huma rigorofiffima conta diante do Supremo Juiz.

C A P I T U L O XXII.

Da .Abbadeça., e ſua eleiçaõ.

§. U N I C O.

- A eleiçaõ da Abbadeça livremente pertença
ao Convento , &c.

O Fim deſte Capitulo he hum dos mais importantes â conſervaçaõ., e augmento da vida regular, pois nelle ſe trata da eleiçaõ de Prelada , e de como ella deve de proceder nas obrigaçoens do ſeu officio, e he ſem duvida que toda a conſervaçaõ de huma republica eſtá no acerto da ſua cabeça , e que em eſta enfermando , todos os menbros adoecem aſſim neceſſitava de muitas advertencias , ;mas como ſó cuido em tirar, e naõ meter às Freiras em cõffuzoens,ſerei ſucinto na ſua explicaçaõ, como atègora o fui nos Capitulos precedentes.

Quatro pontos principaes ſe contem neſte Capitulo.O primeito , que a Abbadeça ha de ſer eleita pelas meſmas Freiras. O ſegundo, que elejaõ a mais digna. O terceiro explica o que deve obrar a Abbadeça , para dar cabal

ſatis-

satisfaçaõ ás obrigaçoens do seu ministerio.
O quarto a caridade, que haõ de guardar as
Freiras entre si, reconciliando-se logo humas
com as outras, quando entre ellas haja alguma
differença, pois em faltando a caridade fraternal entre as pessoas Religiozas, todo este
espiritual edificio se arruina. S. Boaventura
nos recomenda, qué nenhuma pessoa Religioza se recolha á noite, sem pedir perdaõ a outra que de alguma sorte offendesse, ainda nas
couzas minimas, antes neste particular seja-
mos ambiciozos de roubar o merecimento
huns aos outros, estudando que o outro senaõ
antecipe a pedirme primeiro perdaõ; e nisto
devem as Religiozas pôr muito cuidado, pois com huma acçaõ destas de humildade se
evitaõ grandes ruinas, e odios, que muitas
vezes se originaõ de huma couza minima.

· Em quanto às obrigaçoens da Abbadeça,
para sebelas basta que as estude neste Capitulo, e no Cap. 9. dos seus Estatutos, onde
com bem distinçaõ se escrevem: mas o mayor
estudo ha de ser em observar o que em hũ, e
outro se lhe recomenda. O certo he q̃ se cada
huma considerára nas obrigaçoens que sobre
si toma com o officio de Prelada, e na riguroza conta que ha de dar a Deos pelas culpas
das suas subditas, nascidas da sua omissaõ, ha-

via

via de fer efta honra mais temida, que eftima-
da, porque alfim traz configo tantos contra-
pezos, que S. Joaõ Chryfoftomo chegou à
duvidar, fe fe podia falvar algum Prelado.
Naõ duvido que o officio de fi feja fantiffimo,
e que terà huma grande coroa de gloria a que
fizer legitimamente a fua obrigaçaõ : mas digo que he muy difficultozo fazela, e
affim a que fe naõ fentir com animo, e
valor de o fazer, contente-fe com dar
a Deos conta das fuas culpas, que naõ fará pouco em faber ajuftalas, e naõ queira
pagar as de todo hum Convento.

Para as Freiras faberem, em quem haõ
dedar o feu voto para Prelada fem grava-
me de conciencia, fe deve fuppor, que a
que ouver de fer Abbadeça fegundo o Conc.
Trid. ha de ter quarenta annos de idade,
mas naõ he neceffario que fejaõ completos,
bafta que os tenha cómeçados, diz Portel.
Segundo, que naõ tem impedimento para
fer Prelada a Freira que he de infecta naçaõ, v.g. filha de pays hereges, Mouros,
Judeos, ainda que feus pays foffem peni-
tenciados pelo Santo Officio; nem o fer il-
legitima ; como affirma Portel. Miranda ;
e ainda o ter fido viuva no feculo ; como
contra Miranda, e outros enfina Portel, e
a experiencia

a experiencia o moftrou muitas vezes nefte Reyno; que o foraõ, fem que para iffo foffem difpenfadas. Tambem de tremina o Conc. Trid. feff. 25. Cap. 7. que a q́ ouver de fer Abbadeça tenha oito annos de profeffa em vida louvavel, e fe naõ ouver defta idade, bafta que paffe de trinta annos de idade, e cinco de profeffa.

Ifto fuppofto, por todo o direito Divino, e humano eftaõ as Freiras obrigadas em materia grave de conciencia a dar o feu voto na, que for mais digna para o afficio de Prelada; qual feja agora mais digna, he muy difficultozo de aveiguar; mas direi com S. Thom. a quem cita, e fegue Portel. verb. electio n.21. que a mais digna naõ he aquella, que he mais velha, ou mais fanta, mas aquella que tem mais capacidade de governar, e valor para zelar a caza de Deos, e bem da Religiaõ; pois algumas averá que fejaõ muy virtuozas, mas com tam pouco animo, que naõ teraõ valor para argu-ir hum defeito de huma Freira; outras taõ indifcretas no zelar, que ao reprehender huma culpa, deixaõ o dilinquente mais exafperado, do que arrependido. Com que a que quizer dar o feu voto, que feja aceito diante de Deos, e izen-

e izentarſe de pagar no ſeu Tribunal os danos de conſequencia, que ſe ſeguem de huma má eleiçaõ, abſtrahindo ſe aFreira he mais, ou menos nobre por naſcimento, ſe tem mais, ou menos de idade, ſe he mais, oumenos juſta, e virtuoza, como ſeja bem procedida, dè o ſeu voto na que vir com molhor modo, prudencia, e zelo para atender pelo bem commum da Religiaõ, e pela honrra de Deos.

Mas advirto, para tirar eſcrupulos ás timoratas. que ainda que o direito, e todos os Concilios em tantos Breves mandaó ſe elejam para Prelados os mais dignos, fulminando cenſuras, e outras muitas penas contra os ſobornadores, que por qualquer reſpeito de rogos, dadivas, ameacos &c. perſuadem outrem que dè o ſeu voto naquella, a que os leva ſua inclinaçaõ por conveniéncias temporaes, ſendo menos digno, ſe vir que a mayor parte dos votos eſta rezoluta a eleger para Abbadeça huma que ſeja digna, ainda que haja outra mais digna, bemlhepode dar o ſeu voto, ſem que por iſſo incorra em culpa grave, pois neſte cazo a eleiçam he canonica, e ella naõ faz couza alguma com o ſeu voto, ainda que o dé á mais digna. Porém

ſe

se vir que querem eleger huma que he indigna do cargo, de nenhuma sorte vote nella, porque essa eleição he nulla, e se naõ deve confirmar. Portel verbo electio n. 20.

Deos por sua bondade imensa assista a todas as Religiozas nas suas eleiçoens, para que despidas de toda a paixaõ humana, deixem obrar o Espirito Santo, como diz S. Joaõ Evangelista : Se o Prelado foy eleito por respeito de carne, e sangue, todo o seu obrar ha de ser de carne, e sangue; e pelo contrario, se foi eleito pelo espirito de Deos, todas as suas acçoens seraõ dirigidas ás melhoras do espirito: *Quod natum est carne, caro est, quod natum est ex spiritu, spiritus est.* (Joan. Cap. 3.) E por consequencia finalmente, qual for o Prelado, tal será o subdito, pois estes naturalmente se revestem do genio dos Prelados, diz o Espirito no Ecclesiastico: *Qualis rector Civitatis, tales & inhabitantes in ea* (Cap, 10.)

CAPITULO XXIII.

N Efte Capitulo prohibe o Pontifice com peña de excommunhaõ ás Freiras, que vaõ peffoalmente á Corte Romana, naõ tem neceffidade de explicaçaõ; e a que podia haver da clauzura, já fica dito em feu lugar.

CAPITULO XXIV.

Do *Vifitador, e feu officio.*

§. UNICO.

Os *Mofteiros defta Religiaõ fejaõ vizitados ao menos, &c.*

N O que refpeita efte Capitulo ao Vifi-tador, as qualidades que ha de ter, o modo com q̃ fe ha de portar nas vizi-tas, mais pertence aos Prelados fabelo, do que ás Freiras. O que a ellas toca he que por refpeitos, e caprichos humanos naõ deixem de vizitar tudo aquillo q̃ neceffita de reme-dio, aliàs peccaõ graviffimamente, e pa-garàõ no Tribunal Divino todos os males,

M que

que de naõ vizitarem se forem seguindo,
assim ao commum da Religiaõ, como ao
mesmo delinquente, pois álem do preceito, que nos manda denunciar o que sou-
bermos, a caridade do proximo nos obriga,
que pello modo possivel lhe evitemos todos os danos.

Desta vizita com tudo estaraõ dezobrigadas, quando com certeza moral, soube-
rem, que o Prelado he tal, que naõ ha de
remediar o que se lhe denuncia; ou por
fazer as partes do delinquente, ou por ser
taõ imPrudente, que máis lhe cauzará de
ruina, do que de remedio, porque nestes
cazos cessa o fim para que foraõ instituidas
as vizitas, e ninguem está obrigado a pôr me-
yos para fins frustraneos, nem ha preceito de
couza inutil.

O crime q̃ he occulto, e só he em dano do
delinquente, naõ se póde denunciar ao Prelado, sem primeiro se amoestar, e fazer a correcçaõ fraterna, que Christo nos manda por
S. Math. Cap. 18. aos delinquentes, assim o
ensinaõ todos os Authores; aliás peccará
mortalmente o denunciador. Torr. parte 1.
das Consul. Mor. tr.4. de denunt. 1: Com tudo
se o delinquente for tal, que com a correcçaõ
fraterna se ha de exasperar, e criar odio a quẽ
                                        carita-

caritativamente o amoesta, como commûmente acontece pela soberba, e malicia dos peccadores, em tal cazo naõ ha obrigaçaõ desta correcçaõ fraterna, pois a ley natural me dezobriga de buscar o bem do proximo com detrimento meu.

Disse; se o crime he só em dano do delinquente, como v.g. o vicio da embriaguez, luxuria, &c. porque se for em dano de terceiro, como se soubesse que hûm sujeito queria dar peçonha a outro, ou roubalo, posso avizar ao innocente se guarde, sem que amoeste ao que lhe quer dar a peçonha, ou roubalo, se abstenha de tal maldade. Ainda que se tivesse certeza moral, que amoestando-o se emendaria, o devo amoestar, porque assim se evita o mal no innocente, e a infamia no agressor do delito. Villal. parte 2. tr. 4. diffiulc. 11. e 12. Dos delitos, que totalmente saõ em destruiçaõ da Republica, como v.g. herezia, Judaismo, solicitaçaõ na confissaõ, &c. a estes naõ he necessario que preceda a correcçaõ fraterna, mas logo se devem denunciar, naõ só porque deste rarissimamente se espera emenda, mas porque a Republica os deve castigar para terror de outros.

Tambem podérá denunciar o crime occulto ao Vizitador, ou Prelada, sem preceder a

M 2 correcçaõ

correcçaõ fraterna, quando nelles conhecer
tanta prudencia, que poderaõ com caridade,
e melhor modo do que ella amoeſtar,e emendar ao delinquente, que niſto naõ ſe offende
o preceito Divino da corrceçaõ fraterna, antes melhor ſe guarda,pois ſe buſca o Prelado,
naõ como Prelado, mas como peſſoa particular occultamente, para nelle ſubſtituir eſta
obrigaçaõ, e melhor conſeguir a ſalvaçaõ do
delinquente ſem infamia, que he o fim do
preceito Divino. He opiniaõ commua com
Torrecilla citado n. 3. Mas como niſto naõ
póde aver Regra geral infectivel, pelas varias condiçoens dos homens, o caminho mais
ſeguro he conſultalo com o Confeſſor prudente,para que atendidos os genios,do delinquente, do Prelado ,e do denuciante, rezol-
va o que na occaziaõ que ſe offerece deve
fazer, para que ſe emende o defeito ſem
offender a fama do delinquente, que he huma joya muy precioza.

Finalmente, ſuppoſto a ley de Deos nos
mande amar aos inimigos, e perdoar os
aggravos, ſe huma Freira for injuriada de outra, bem póde denunciala ao Prelado, ſe for
ſem animo de vingança, mas unicamente para que ſe ſatisfaça á juſtiça, e porque
ſendo caſtigada, temaõ outras cometer ſe-
me-

melhantes delitos. Diſſe, ſe for ſem animo
de vingança; porque todo o que vizita com
animo vingativo, ou por outro mao fim, ainda que o crime ſeja verdadeiro, pecca. He
commua opiniaõ com Villal. parte 2. tr. 5.
difficul.3.

CAPITULO XXV.

Do Cardeal deſta Religiaõ.

E Stando as Freiras Claras deſde o ſeu
principio ſujeitas á Religiaõ dos Frades
Menores, Urbano IV. por eſte Capitulo da
Regra que para ellas fez, as tirou da ſua
juriſdiçaõ, e entregou o ſeu governo aos
Cardeaes Protectores, o qual durou por
duzentos e trinta annos, atè que Julio II.
que foy o que confirmou a Regra das Freiras
da Conceiçaõ, as tornou a ſujeitar á juriſdiçaõ dos Frades. Aſſim os Geraes, e Provinciaes tem a reſpeito do ſeu governo o
meſmo poder, que tinhaõ os Cardeaes.

CAPITULO XXVI.

Que a Regra naõ seja desprezada das Freiras.

ULtimamente , como ninguem póde guardar o que ignora, manda ó Summo Pontifice, que cada quinze dias se lea a Regra em Cómunidade, porque as Freiras a saibaõ de memoria, e vendo-se nella como em espelho, saibaõ o que na quelles quinze dias tem faltado na sua observa çaõ , para que peçaõ a Deos perdaõ do que contra ella tem delinquido, e auxilios para dalli em diante a guardarem. Assim a que dezeja ser perfeita Religioza, e cumprir com a obrigaçaõ de seu estado , observe isto pontualmente; e para que melhor saiba distinguir o que nella a obriga a culpa, lea huma, e muitas vezes esta expoziçaõ, e quando aqui chegar, rogue a Deos por quem teve o trabalho de a fazer, pois de hum Capucho Arrabido bem póde suppor, o naõ moveo a fazela outro interesse, mais que obem espiritual das Religiozas suas irmans por profissaõ.

Concluhio Urbano IV. esta Regra com varias amoestaçoens, e confelhos, mas naõ declarou

declarou o que nella obrigava a peccado mortal, ou venial; affim para tirar duvidas, e efcrûpulos, decretou Eugenio IV que fó cinco couzas obrigaffem a peccado mortal às Freiras da primeira, e fegunda Regra de Santa Clara, como jà diffemos, que vem a fer os quatro votos, o que refpeita a eleição de Abbadeça. O demais que fegundo efta explicação as obriga a peccado mortal, naõ he por força da Regra, mas por virtude de outros mandatos, decretos Apoftólicos, e obrigaçoens que tem por ferem Regulares.

Tudo o demais que eftà na Regra, fe he mandato, obriga a peccado venial, e entaõ fe conhecerá fer mándato, quando differ: *Mandamos ou fe manda, ou fejaõ obrigadas a fazer, &c.* ou com femelhantes palavras, e naõ fendo affim mandado, fe entende fer confelho, ou amoeftação, que naõ obriga nem a culpa venial, mas ferà o guardalo mayor perfeição; e affim a q quizer fer perfeita Religioza, o deve obfervar à rrifca, lembrando-fe que para affim o fer he que efcolhe efte eftado. O que tudo rezulta em gloria de Deos, de fua Mãy Santiffima, de M. Seraphico P. S. Francifco, da Glorioza Santa Clara, e augmento da Santa Madre Igreja Romana, a cuja correcçaõ me fujeito.   ESPE-

ESPELHO

DE PERFEYTAS

RELIGIOZAS

AO QUAL DEVEM COMPOR
as fuas acçoens quotidianas.

*Poem-fe primeiro o exame que cada
huma deve fazer da fua vocaçaõ.*

E POR FIM HUM BREVE TRATADO
da Oraçaõ Mental.

CAPITULO I.
Do exame da vocaçaõ.

TODOS os eftados, ou feja o do
celibato, ou o do Matrimonio, ou
o do Clerigo fecullar, ou o do
Religiozo, faõ bons, e nelles fepóde fer fanto

to , fe nelles nos naõ bufcarmos após , mas a Deos ; porém ninguem póde duvi-dar , que o da Religiaõ he o mais fantiffi-mo , pois nelle fe poem huma alma mais de zembaraçada , para que livre dos cuida-dos do mundo , fe empregue toda em De-os. Por iffo quando a quelle mancebo , que refere Saõ Math. Cap. 19. perguntou a Chrifto que faria para fegurar a Bemaven-turança : *Quid boni , faciam ut habeam vi-tam æternam* , lhe refpondeo o Senhor , que guardaffe os Divinos preceitos : *Serva mandata* ; mas que fe queria fer perfeito , foffe , e vendeffe quanto tinha , e repartin-do aos pobres o feguiffe:*Si vis perfectus effe vade , vende omnia quæ habes , & da pau-peribus . & veni , fequere me.*

De forte que para huma creatura falvarfe , bafta que no mundo guarde os Divinos pre-ceitos ; mas para fer perfeita , e merecer todo o agrado de Deos , he neceffario fa-zer huma total renuncia do mundo , e def-pida das fuas vaidades , feguir a Chrifto. Affim o fizeraõ os fagrados Apoftolos dan-donos com a fua fórma de vida Re-ligioza ; e à fua imitaçaõ innumeraveis al-mas , que povoáraõ os clauftros das Reli-gioens, muitos Reys , Principes , e Prince

zas'

zas, que defprezando as delicias , e grandezas dos palacios , a mortalháraõ as fuas
purpuras em o breve fayal de S. Francifco
M. P. e na afpera eftamenha de varias Religioens; por humas coroas caducas , que deixáraõ , e humas falfas deliçias , a que fe
negàraõ nos poucos dias, que dura a vida
humana , eftaõ gozando , e haõ de gozar
eternamente as delicias da Bem aventuran-
ça com coroas di immença gloria.

Mas como em todos os eftados fe requer vocaçaõ , por todos naõ ferem para
tudo; difpoz a prudencia por ley, fe pro-
vaffe efta vocaçaõ , fe he , ou naõ he legitima; diligencia taõ neceffaria , que até
nos brutos fe encontra : a Aguia examina
aos rayos do Sol a legitimidade dos filhos,
e fó aquelles que podem fuftentar com a
vifta os feus reflexos , admite para continu-
ár neles à fua Real fucceffaõ. Affim que
para naõ aver engano na prova da vocaçaõ Religioza , fe ha de fazer naõ fó da
parte da Religiaõ, mas da parte da que
a pertende : a Religiaõ naõ aceitando in-
differentemente a todos os que fe o ffere-
cerem , mas tirando os olhos da terra como vigilante Aguia , e pondo-os nefte Divino Sol de juftiça , deve efcolher fó as
que

que conhecer as traz á Religiaõ hum eſpirito todo Serafico , e Evangelico ; pois a Aguia he taõ rigoroza no feu exame ; que de tres filhos que gera, repudia dous, e fó aceita hum para fucceffor , fem que fe deixe vencer da piedade de Máy , mas fó atendendo ao que tem capacidade para fer legitimo filho : *Tres parit , atque duos nido ejicit , educat unum* ; (Ariſt. lib. 6. de animali Cap. 6.)e de fazerem os Prelados o contrario , nafce o chorarem as Religioens a cada paffo , verem degenerados em negros corvos , os que puderaõ celebrar Reaes Aguias.

Apertendente , examinando em fi , fe he verdadeiro o efpirito, que a traz á Religiaõ; pois quem naõ tem olhos para examinar os rayos dó Sol , querer meter-fe a fer Aguia , he exporfe a ficar cega das fuas luzes , e defpenharfe no mayor precepicio; porque naõ he o mefmo veſtir o habito, q̃ fer fanta ; nem entrar na Religiaõ , que eſtar em porto de falvaçaõ fegura.

No mar vermelho por onde paffáraõ os Iſraelitas a pè enxuto , naufragaraõ todos os Egypcios. No Apoſtolado de Chriſto , onde foraõ todos Santos , foy Judas o mais perverfo peccador. Como os feculares , diz

Saõ

Saõ Bernardo, vem fó as confolaçoens em que vivem os Religiozos, e naõ as afliçoens que padecem : *Laici vident confolatiónes noftras, & non afflictiones noftras*, move-os muitas vezes a bufcar a Religiaõ, o fugir aos trabalhos do mundo, e bufcar nella o defcanfo para o corpo, que fe lhes reprezenta lograõ os que nella vivem, fem advertirem que nella podem experimentar o defgraçado fim de Judas, e o infurtunio dos Egypcios, podendo com menos cufto fegurar no mundo a falvaçaõ, pois ahi para confeguilla, bafta guardar os mandamentos da ley de Deos; e na Religiaõ para fe naõ perder, he neceffario guardar os preceitos, e confelhos do Evangelho.

Mas Tambem naõ deve fer efte temor baftante para a dezanimar na fua vocaçaõ, fe ella he legitima; que como os premios no Ceo faõ regulados pelos proprios merecimentos; naõ ha de fer omefmo o do que tomou aos hombros o pezo da Cruz Evangelica, do que o do que tomou fó parte; e Deos que nos aconfelha o caminho da mayor perfeiçaõ, naõ nos falta com os feus auxilios para confeguilo, fe nós fazemos tudo o que eftá da noffa parte, Communique pois ao Confeffor douto, e efpi-

efpiritual fimplesmente o feu interior, e fe elle lhe approvar por boa a fua vocaçaõ, figa-a, que vay fegura, pois eftes faõ os oraculos, que Deos nos manda confultar em cujas repoftas para nós naõ póde haver engano, avendo tanto no que nos dicta o noffo amor proprio, que por iffo *Multi funt vocati, pauci vero electi.*

Approvada por boa a fua vocaçaõ, prepare-fe para vencer as tentaçoens, com que no anno da approvaçaõ ha de fer combatida, naõ fó do Demonio, mas da Religiaõ, e ainda do mefmo Deos : o Demonio, porque invejozo de ver que ellas haõ de lograr as delicias da glória, que elle por foberba perdeo, e porque lhe he tormento a vida perfeita da Religiaõ, lhe ha de trazer continuamente á memoria as delicias do mundo, de que feprivou, adonde gozando da fua liberdade, pudera com menos trabalho falvarfe, e naõ fujeitarfe a huma vida encarcerada, que he huma morte continua, pelas muitas mortificaçoens de que fe compoem, e que as fuas forças naõ podem tolerar, e affim arrifca mais a falvaçaõ, pois naõ podendo com o pezo de huma tam grande crus, he força q̃ de com ella muitas quedas, caya aomenos

por

por omissaõ em muitos peccados.

A Religiaõ as ha de tentar, para provar a verdade do seu espirito, e o que nelle vay aproveitando, castigando-as por livissimas culpas, e muitas vezes sem nenhuma, dandolhe asperas reprehençoens, imputandolhe o crime que outra cometeo, a ver se o sofre humiloc, ou se impaciente se desculpa, mandandolhe fazer muitas couzas naõ só contrarias ao seu genio, mas repugnantes à razaõ, a ver se he cega na obediencia;negádolhe ás vezes até oprecizo, e necéssario, a vér se tem espirito de pobreza; e outras varias mortificaçoens, com que os Meftres de espirito tentaõ aos seus discipulos, que o mundo tem por impertinentes, e às vezes julga ridiculas, mas Deos as applaude, e approva, porque só desta forte se prova, e purifica o ouro das fezes, e conhece quando o trigo Apostolico está limpo do joyo mundáno: _Tentasti eos, qui se dicunt Apostolos, & non sunt, & in venistis eos mendaces._ (Apocal. 2.

Deos os ha de tentar, que supposto diga S. Tiago, que Deos a ninguem tenta: _Deus neminem tentat_; isso he para o peccadò, o que para o exercicio das virtudes o faz continuamente aos que chama para si, como dizia
o Sa-

Sabio. *Quoniam tentavit eos , & invenit illos dignos fe: tamquam aurum in fornace probabit illos* ; (Sapient.3.) humas vezes negandolhe as confolaçoens do efpirito, faltandolhes com aquella devoçaõ fenfivel, que anima aos principiantes, para provar a fua conftácia; outras vezes privandoas da advertencia natural, porque caindo em mil defcuidos, e tropeçando em muitos erros, lhes abata a foberba, confunda a prezunçaõ, e de todo as humilhe: mas: *Bonum mihi , quia humiliáfti me,* (Pfal. 118.) grande fortuna a minha em Deos me humilhar, dizia David em femelhátes occazioens.

A muitos vemos a cada paffo afroxar neftes, combates, e rendidos á tentaçaõ voltar as coftas a Deos; e tornarfe para o mundo : fe he por negarfe às mortificaçoens, com que a Religiaõ os prova, bem moftram que a ella vinhaõ bufcar as conveniencias temporaes, que nella defcobriaõ exteriormente, e naõ os exercicios davirtude, mortificaçoens, e penitencias, que nella fe encontraõ para expiaçaõ dos peccados. Mas como poderá tábem fer tentaçaõ do Demonio, que lhe finja a cruz da Religiaõ defigual ás fuas forças, fe he que a fua vocaçaõ for legitima, efta fe deve vencer com a verdade do Evangelho: *Iugum me-*

um

um suave est, fazédo aparidade, oq̃ saõ as mortificaçoens da Religiaõ com os trabalhos do mundo; o que saõ os premios do mundo com as pagas do Ceo; que logo veremos que o q̃ se sofre na Religiaõ, a vista do que se padece no mundo he nada, e muito mais nada á vista da gloria, que em sua remuneraçaõ nos espera; e finalmente lembrandonos da quelle tremendo castigo, com que Deos ameaça aos que voltaõ costas à sua vocaçaõ: *Nemo mittens, manum ad aratrum, & aspiciens retro, aptus est regno Dei,* (Lucas 9.) e que bem o tem mostrado a experiencia nos desgraçados fins com que acabaõ commumente os que se saem da Religiaõ.

CAPITULO II.

Da differença que ha entre a vida contemplativa religioza, & a dos peccadores.

A Vida dos peccadores, diz David. que he huma vida brutal: *Comparatus est jumentis;* (Psal. 18.) a vida contemplativa he huma vida toda celestial, e Angelica, diz S. Paulo : *Nostra autem conversatio in Cælis est:* (ad Philip. 3. n. 20.) como hum bruto naõ tem discurso para distinguir o bem do mal, parecelhe

parecelhe que naõ ha mayor delicia, do que
eftrafe revolvendo nas immundicias do feu
lodo, e he para elle couza muy dura, e pe-
noza que haja quem delle o mande fahir:
da mefma forte faõ os peccadores, que naõ
difcurfaõ fobre o que faõ os deleites humanos, em que vivem fumergidos, e por iflo fe
lhes faz difficultozo o apartarfe delles, e tem
por muy dura a Ley de Deos que lhos prohibe; o que de nenhuma forte fora, fe elles
pondo os olhos no Ceo, difcurfáraõ o que faõ
as dilicias, e no que faõ, e no em que paraõ
os deleites do mundo.

: Em quanto David quiz andar pelo caminho do Ceo, attendendo fó ao preceito de
Deos, que o obrigava, parecialhe diz elle, fer
efte caminho huã couza muy afpera e dura:
Propter verba labiorũ tuorum; ego cuftodivi
vias duras;(Pfal. 16) mas tanto que recolhi-
do na oraçaõ difcurfou no que heraõ, e em
que paravaõ os deleites do mundo, e na gloria que confeguiam os que os defprezavaõ,
ficou logo taõ oütro, que já naõ achava repu-
gnancia a deixalos, já o caminho do Ceo lhe
naõ parecia afpero, mas muy fuave, e deli-
ciozo: *Omnis Confummationis vidi finem,*
latum, mãdatum tuum nimis; (Pfalm. 118.)
que pôr os olhos fó no preceito *propter ver-*

N *ba,*

ba, faz que elle pareça muy difficultozo de obfervar; mas paſſando a conſideraçaõ a ver os lucros, que ſe conſeguem pela ſua obſervaçaõ, logo fica ſuaviſſimo: *Latum nimis*. Eſtes ſaõ os effeitos da Oraçaõ Mental, que aos que a tem, faz que abominem com goſto os appetites, e vicios, faz ſuavizar os preceitos da Ley de Deos, e que naõ buſquem, e amem a Deos violentados do preceito, mas atrahidos da bondade, que delle pelo diſcurſo da Oraçaõ alcançaõ; e os peccadores por falta della vivem ſempre a tolados em vicios, como quem naõ conhece que ha outro Deos mais que os deleites mundanos: *Dixit inſipiens in corde ſuo: Non eſt Deos.* (Pſal.13.) Tanta neceſſidade como iſto tem os homens da Oraçaõ Mental; al fim dizem commũmente os Santos, que o homem ſó pela Oraçaõ ſe diſtingue dos brutos, e ſe aſſemelha aos Anjos, aſſim que a que quizer aproveitar no eſpirito, nella ha de pôr todo o ſeu mayor cuidado.

Mas para poder tirar della os effeitos, ou fruto, diz S. Paulo, que ao veſtir do habito religiozo, nos avemos de deſpir totalmente dos antigos, e ſeculares coſtumes: *Expurgate vetus fermentum, ut ſitis nova conſperſio*; (.1. ad Corint.7.) porque trazer qualquer

inclinaçaõ

inclinaçaõ mundana à Religiaõ, bafta para preverter-toda a perfeiçaõ Religioza: *Nefci-tis qui modicum formentum totam maffam corrumpit?* Trazer o corpo à Religiaõ, e dei-xar a vontade nas delicias do mundo, he en-ganarfe a fi mefmo, pois quando cuida que vem bufcar a Deos, vem a incitar mais a fua îra, como vimos exemplificado na mulher de Lot, que fahindo da Cidade de Sodoma por efcapar aos incendios, em que ella fe abrazava por fupplicio dos feus vicios, no ca-minho a converteo Deos em huma eftatua de fal: *Venfa eft in ftatuam falis*, (Gen. 19.) por ella tornar a olhar dahi para a Cidade *refpicienfque uxor ejus* pois nefta vifta dava a entender, que ainda que vinha corporal-mente fugindo da Cidade, lâ lhe ficavaõ os olhos nas fuas delicias, lâ lhe ficava o cora-çaõ nos feus regalos.

E nefta eftatua de fal, em que por caftigo a converteo, nos deixou Deos efcrita huma memoria para todos os feculos vindouros, que haviaõ de fer muy falgados os goftos de todos aquelles, que fugindo do mundo para a Religiaõ com o corpo, ainda lhes ficava o coraçaõ nas dilicias mundanas, e fe lhes hiaõ os olhos nas fuas vaidades, deleites, e rega-los; pois de tal forte quer Deos q̃ deixemos

o mundo,

mundo quando o buſcamos, para merecer o
ſeu agrado; que naõ ſó das couzas illicitas,
mas ainda nem do amor dos pays, parentes, e
patria nos havemos de lembrar; diſſe-o por
David: *Audi filia, obliviſcere populum tuum,
& domum patris tui, & concupiſcet Rex de-
corem tuum*; (Pſal.44.) a letra parece falla
com huma Religioza, que pertende deſpo-
zarſe com elle.

Deſta verdade nos ficou hum ſingulariſſi-
mo exemplo em Maria Santiſſima, e ſeu Divino Eſpozo S. Joſeph, que perdendo o Menino Deos, o buſcáraõ entre os parentes, e
conhecidos, e nunca o puderaõ achar: *Requi-
rebant eum inter cognatos, & notos, & non
invenientes*, (Luc.2.) buſcáraõ-no no Templo, e ahi o achàraõ entre os Doutores *Inve-
nerunt eum in Templo ſedentem in medio do-
ctorum*; dizendo-nos niſto, que Deos quando
ſe perde, ſe acha no Templo buſcando-o pela
Oraçaõ, e entre os Doutores; lendo as ſuas
obras, e conſelhos eſpirituaes, que nellas nos
deixáraõ, e em que retratáraõ o ſeu eſpirito,
dandonos luz do caminho, que os guiou para o ôſculo de Deos, adonde nós tambem ven-
turozos chegaremos, ſe deveras buſcarmos
imitalos. Eſta he a advertencia com que ha
de entrar no Convento, a que pertende ſer
Religi-

Religioza, porque lhe naõ fuceda encontrar a mayor defgraça no caminho, por onde bufcava a mayor ventura, perdendo-fe no porto, que bufcava, para fegurar a fua falvaçaõ.

CAPITULO III.

Do exrcicio quotidiano, que fe deve ter nas obras, & acçoens.

A Religioza, que quer fer perfeita, tanto que pela manhã defpertar, difponha fazer nefíe dia naõ fó o officio de Maria, mas tambem o de Martha; ifto he naõ fó andar na prezença de Deos, mas naõ faltar a couza alguma do que tiver á fua obrigaçaõ; e para a fazer com mais acerto, e gofto, confidera que quem lho manda fazer, naõ faõ creaturas mas o mefmo Deos; e feja quem quer que for a Prelada, fempre nella ha de reprezentar a Deos, lembrando-fe que Chrifto foy obedientiffimo até ahora da morte: *Factus obediens ufque ad mortem*; fendo filho de Deos quiz fervir, e naõ fer fervido: *Non veni miniftrari, fed miniftrare*: eftava fujeito á obediencia de fua May Santiffima, e do Patriarcha faõ Jofeph: *Et erat fubditus illis*; e finalmente que todos os Santos, que quizeraõ agradar

agradar a Deos, refpeitáraõ tanto aos feus
Prelados , que alguns , para lhe efcrever,
ou ler as fuas cartas , o faziaõ de jeolhos;
e defta mefma forte lia Maria Santiſſima
as dos Apoſtolos S. Pedro , e S. Joaõ , pelos reconhecer , feus Superiores em quanto
Sacerdotes, e Prelados na Igreja de Deos.

Entrándo no coro fe prepara para rezar
oOfficio Divino , pedindo a Noſſo Senhor
auxilios para o pagar de forte que lhe a-
grade , dizendo efta Oraçaõ:

*Aperi Domine os meum ad benedicendum
nomen fanctum tuum : munda quoque cor
meum ab omnibus vanis , perverfiis , & il-
licitis cogitationibus : intellectum illumina,
affectum inflamma , ut digne, atrente, ac
devote hoc Officium recitare valeam , &
exaudiri merear ante confpectum Divinæ
majeftatis tuæ per Chriftum Dominũ noftrum
Amen.*

Efte mefmo auxilio lhe pedirá interiormente , quando principiar o verfo , *Domine labia mea aperies*, conhecendo, que de fi
póde tampouco , que nem louvallo póde,
fe elle lhe naõ abrir a boca , e por iſſo no
*Deus inadjutorium meum intende,Domine ad
adjuvandum me feftina.* lhe pede acelere
os paſſos , para o vir a judar , para que poſſa
pór

pôr em execuçaõ , o que intenta fazer : e
tambem o invitatorio tantas vezes repeti-
do he para convidar a todas ascreaturas,
affim Efpiritos Angelicos , como Bemaventurados do Ceo , e juftos da terra , pata q̃
o venhaõ a judar a louvar a feu Creador:
Nos Pfalmos , lembrefe do efpirito com
que David os compoz , e cantava , para a-
ffim quanto lhe for poffivel o imitar ; e porque naõ divirta em vagueaçoens o penfamento , reprezente junto a fi a Chrifto Senhor Noffo em cada hora canonica em hum
paffo de fua paixaõ , ou no mifterio da folemnidade , do que fe reza naquelle dia,
dirigindo a elle os louvores em que fe ocu-
pa.. e confiderando que elle eftá vendo os
feus interiores , para que affim efteja todo
aquelle tempo com temor , devoçaõ , e reverencia.

Quando for ouvir Miffa , procure eftar
nella com tóda a atençaõ , que lhe for poffivel, fem fe divirtir a outra parte , nem
a inda rezando vocalmente por contas , mas
confiderando nos myfterios da Paixam de
Chrifto , que nella fe nos reprefentaõ.

Quando o Sacerdote offerecer o facra-
ficio , o ffereça-o tambem damefma forte,
que elle o faz , que efta he huma das grandezas

dezas defte foberano facrificio, fer naõ fó dos Sacerdotes, mas de todos os que a elle affiftem, como fe moftra daquellas pala- vras, que diz o Sacerdote: *Orate fratres, ut meum, ac veftrum Sacrificium fiat ac- ceptabile*; e daquellas tambem : *pro qui- bus tibi offerimos, vel qui tibi offerimos hoc Sacrificium laudis, pro fe, fuifque omni- bus*; e affim liberalmente o offerecerá pór vivòs, e defuntos, e por todas as ne- ceffidades do mundo, em commum, e em particular, que como he de vallor infinito, fem detrimento de algum, fe póde offe- reçer por todos.

Quando for para o refeitorio, confidere que fe vay pór á meza com Chrifto e affim lhe manda gratifique muito, o querer fuften- tala da fua meza como a filha, quando ella, por ter(como o Prodigo)deftruido todo o pa- trimonio da graça, naõ merecia nem aínda o lugar de ferva. E affim cuide fó em reme- diar a neceffidade, e naõ em fatisfazer o appetite,tomando fó a refeiçaõ que bafte pa- rá a limentar o corpo, para que poffa com a carga do efpirito, lembrando-fe que come paõ de pobres que naõ ganhou, para fe naõ queixar do pouco, e que outros que naõ pro- feiſaõ pobreza como ella, comem menos; e

fe

fe o naõ achar guizado a feu gofto, tempere-o
com o fel, e vinagre q̃ deraõ na Cruz a Chrifto. E acoftume-fe a naõ comer fóra de tempo, e lugar, que he o refeitorio para iffo
de terminado, que o contrario he muy impro-
prio da criaçaõ religioza.

Nas mortificaçoens que fizer, ou fejaõ as
difciplinas da Communidade, ou as particulares de cilicios, jejuns, &c. naõ as faça
materialmente fem confideraçaõ, mas lembrefe dos jejuns de Chrifto no dezerto, dos
açoutes que lhe deraõ, das afperas cordas
com que o ataraõ, e coroa de efpinhos, que
lhe puzeraõ, para nas acçoens que faz de
mortificaçaõ ó acompanhar nas fuas penas, e
merecer o perdaõ das fuas culpas, caftigando na carne as fuas rebeldias. Naõ fe carre-
gue muyto de devoçoens particulares, porque naõ fera poffivel rezallas com devoçaõ;
quem tem tantos actos de Commuidade a
que affiftir, e he melhor rezar poucas, e de-
votamente.

Eftude muito em fazer o que nos recomenda Saõ Boaventura, que deve a peffoa
Religioza moftrar no exterior do corpo, o q̃
anda dentro na alma; e affim fejà muyto com-
pofta no gefto do corpo, mortificada nos
olhos, atenta nas palavras, porque naõ firva
de

de efcandaio , mas de edificaçaõ , e exemplo a todas ; e evite quãto lhe for poffivel vague-açoens pelo Convento defneceffarias , que dellas fe tira máu fruto, fejaõ as fuas fahidas da celia para o coro , ou para os actos da Communidade.

Finalmente á noite faça fempre examê de conciencia, naõ fó dos peccados , mas tambem da omiffaõ , e falta de boas obras, e imperfeiçaõ com que as fez ; de quantas vezes quebrantou os bons propozitos , que tinha feito a fim de vencer efta, ou aquella paixaõ, como de fe exercitar nefta , ou naquella virtude ; e affim com eftas culpas na memoria, e todas as da vida paffada, pofta na prezença do Tribunal Divino , com a cova aberta junto a fi, como que fe houveffe de fer logo nella fepultada, com huma grande dor de as ter cometido, e propozito firme de êmenda, as confeffe a Deos dizendo a confiffaõ geral: *Confiteor Deo, &c.*

E de pois applique-lhe logo alguma penitencia conveniente, ou de reza , ou de mortificaõ , pois diz Saõ Paulo, que fe nos julgarmos a nós mefmos , efentencearmos as noffas culpas , naõ ha Deos tornallas a julgar, e fentencear : *Si nofmetipfos de judicaremus non utique judicaremur*, (1. ad Corint.

rint. 12. e aſſim ſe nos ſucceder morrer ſem confiſſaõ Sacramental , póderemos dizer com confiança a Deos: *Feci judicium , & juſtitiam, non tradas me calumniancibus me:* Senhor eu fiz tribunal de juizo , e juſtiça, naõ me entregueis a meus inimigos.

Quando ſe quizer-deitar , depois de fazer o final da Cruz , diga com as mãos levantadas , o Padre noſſo , Ave Maria , Credo , e a Confiſſaõ ; e logo eſte hymno das Completas , que he para eſta hora muy proprio, e por experiencia proveitozo.

Te lucis ante terminum
Rerum Creator poſcimus,
Ut pro tua clementia
Sis præſul , & cuſtodia.
Procul recedent ſomnia,
Et noctium phantaſmata;
Hoſtemque noſtrum cumprime,
Ne polluantur corpora.
Præſta Pater piiſſime,
Patrique compar unice;
Cum Spiritu Paraclito,
Regnans per omne ſæculum. Amen,

E logo continue eſtes verſos , e oraçaõ.

Salva nos Domine vigilantes , cuſtodi nos dormientes ut vigilemus cum Chriſto , &. requieſcamus in pace.

Cuſtodi

Cuſtodi nos Domine, ut pupilam oculi.
ſub umbra alarum tuarum protege nos.
Dignare Domine nocte iſta : ſine peccato
nos cuſtodire. Miſerere noſtri Domini
miſerere. noſtri.

Fiat miſericordia tua Domine ſuper nos,
quem admodum ſperavimos in te.

Domine exaudi orationem meam : & cla-
mor meus ad te veniat.

OREMUS.

VIſita quæſumus Domine, habitationem
iſtam, & omnes inſidias inimici ab ea
longe repelle: Angeli tui ſancti habitent
in ea, qui nos in pace cuſtodiant : & bene-
dicto tua ſit ſuper nos ſemper. Per Chriſtum
Dominum noſtrum. Amen.

Angele Dei, qui cuſtos es mei me tibi
commiſſum pietate ſuprema, hac nocte illu-
mina, cuſtodi, rege, & guberna. Amen.

CAPITULO IV.

De outro exercicio quotidiamo dividi
do em tres conſideraçoens. A primei-
ra de confuzaõ A Segunda de acçaõ
de graças. A terceira de petiçaõ·

Pela

Pela manhã ao veſtir

Confuzaõ.

Confundirte-has porque te veſtes com ali-
nho, eſtando Chriſto nù em huma Cruz por
porteu a mor.

Acçaõ degraças.

Lhas darás porque ſe viſtiu da noſſa humanidade, ſabendo o quanto haviámos de
ſer ingratos a eſte beneficio, e ainda depois
nos veſte, havendo nós raſgado a veſtidura de ſua diuina graça.

Petiçaõ.

Pediremos a Deos que pois veſte aos nùs,
nos faça eſta obra de mizericordia, por a-
quella veſtidura de ignominia, que lhe ve-
ſtiraõ em caza de Herodes.

Quando vàs a Miſſa.

Confuzaõ.

Con-

Confundirte-has, conhecendo a imperfeiçaõ e tibiéza . com que o vás louvar à sua caza, sendo elle louvado dos Anjos com tanta pureza.

Graças.

Lhas daras, porque havendote tu despedido da sua santa caza tantas vezes pellos peccados, que cometeste; te torna a receber nella, e ainda está á porta chamandote.

petiçaõ.

Pedirlhe-has, que por aquella caridade, com que a Virgem Santissima sua May o aprezentou no Templo , por ella mesma sejas aprezentado , efeito hum vivo templo em que more o Espirito Santo.

Quando fazes oraçaõ.

Confuzaõ.

Confundirte-has, dizendo como o Publicano. Senhor sedeme propicio, que eu conheço a multidaõ de meus peccados.

Gra-

Graças

Dalas-has, porq̃ quiz Chrifto orar por ti, para que mereceffes, que pela fua oraçaõ foffe a tua ouvida.

Petiçaõ

Pediràs que pela Oraçaõ, que fez no dezerto pelos peccadores, feja fervido concederte as graças, que nos manda pedir na oraçaõ do Padre noffo: e o diràs huma vez.

Ouvindo Miffa.

Confuzaõ

Confundirte-has, vendo o pouco fervor, e preparaçaõ, que fizefte para ver, e adorar a teu Deos, conhecendo que a continuaçaõ defte beneficio te faz, que o eftimes menos, devendo fer motivo de o eftimares mais

Graças.

As daràs a Deos, porq̃ faz, que fejas Anjo, fe com viva fé confeffas ao Senhor, que ado-

ras

rar, pois o officio dos Anjos he affiftir diante do trono de Deos louvando-o, e glorifican-do-o.

Petiçaõ

Pedirlhe-has, q̃ pois elte facrificio he memoria do que fe fez no monte Calvario, feja fervido, que por elle mereças colher os meritos de feu facratiffimo fangue, para lavar teus peccados, derramando por elles continuas lagrimas.

Eftando á meza.

Confuzaõ.

Confundirte-has, confiderando, q̃ comendo o paõ, que Deos te dà, lhe foftes ingrato, e treidor mais vezes que Judas.

Graças.

Lhas daràs, porque te fuftenta com tanto amor, fendo tu feu inimigo.

Pedirás, que pelo amor, com que deu de comer ás turbas no dezerto, seja servido, de te dar o páo da sua graça, e que ella seja o teu suftento quotidiano

Em os negocios temporaes.

Confuzaõ.

Confundirte-has, de pôr tanto cuidado em os negocios, que tocaõ á vida humana, e nenhum em o que refpeita ao bem da alma; fendo efte de tanta importancia, que mandou Deos a feu Filho Unigenito do Cco á terra a tratar defte negocio.

Graças

Lhas darás, por amar tanto o bem da noffa alma, que no mefmo tempo, em que nós defcuidados della, nos occupamos fó em os negocios do mundo, elle cuida do feu remedio pelos feus Minifttros, no altar, no pulpito, no Confeffionario, e nas oraçoens dos feus juftos, por varios modos de fantas infpiraçoens.

O *Pe-*

Petiçaõ

Pedirlhe-has, que por aquella caridade, com que diſſe lhe convinha eſtar nos negocios de ſeu Eterno Pay, nos dê agraça, para procurarmos eſtar ſempre nelles occupados, ſó para honra, e gloria ſua.

Na Oraçaõ de tarde.

Confuzaõ.

Confundirte-has, vendo que has de fallar com hum Senhor, diante de quem temem eſtar os Anjos.

Graças.

Lhas daràs, porque esforçandote para a Oraçaõ, te manda que lhe peças, o de que neceſſitas.

Petiçaõ.

Pedirlhe-has, que por aquella conformidade, com que no Horto ſuando mares de ſangue, diſſe a ſeu Eterno Pay: Naõ ſe faça

a

a minha vontade, mas a voſſa ; por eſta meſma te conceda eſtar conforme áſua Divina vontade na vida, e na morte.

Na Cea.

Confuzaõ.

Confundirte-has, vendo que o paõ quotidiano de David heraõ as lagrimas continuas, que deramava pelos ſeus peccados, e tu nem huma ſô choras pelas tuas culpas.

Graças.

Lhas daràs, com admiraçaõ da ſua bondade, pois agradecendolhe tu taõ mal o jentar, que te deu, ainda te dá a cea.

Petiçaõ,

Pedirlhe-has, que por aquelle amor com que ſe deu a ſi meſmo em manjar na ultima cea, te diſponha, para que com humildade o recebas, e fiques unido com elle em hum eſtreito vinculo de amor.

Na Oraçaõ antes de deitarte.

Confuzaõ.

Confundirte-has, de que Christo vela, e cre em huma Cruz por teu amor, e tu te vás lançar a dormir, sem cuidado no que lhe deves.

Graças

Lhas darás, porque elle morreo, para que tu vivesses.

Petiçaõ

Pedirlhe-has, que pelas dores, que padeceo quando espirou, e pelas que sentio sua Mãy Santissima vendo-o espirar, seja servido concederte, que na tua morte tenhas memoria da sua, e por ella sejas aceito do Etérno Pay.

Ao despirte.

Cofuzaõ.

Confundirte-has, de te defpires para dormir com regalo, dormindo Chrifto por teu amor veftido, fem ter onde reclinar a cabeça.

Graças.

Lhas daràs, porque com os trabalhos, que por ti padeceo, te defpio de homen velho.

Petiçaõ

Pedrilhe-has, que pelas dores que fentio, quando o defpiraõ para o crucificar, por eftarem as veftiduras pegadas ás chagas, fe digne defpirte dos máos habitos dos vicios ; para q̃ defpido do affecto das couzas terrenas, te abraces com a fua Cruz, e morrendo nella para o mundo, mereças a veftidura núpcial, que o Eterno Pay tem aparelhada para os feus efcolhidos.

Segue-fe outro exercicio, para dirigir as noffas acçoens pelas de Chrifto.

Quando fentirmos frio, lembremonos do que Chrifto padeceo no prezepio, em que nafceo. Quando fentirmos fome, da q̃ elle padeceo no jejum do dezerto. Quando fenti-

fentirmos fede, da que elle padeceo na Cruz.

Quando canfarmos, do canfaço que elle teve fubindo com a Cruz ao Monte Calvario.

Quando nos argùi-em das palavras juftas, q̃ refpondemos, nos lembraremos da cruel bofetada, com que lhe feriaõ feu facratiffimo rofto, quando refpondeo ao que lhe perguntava o Pontifice. Quando nos murmuraõ das boas obras, que fazemos, nos lembraremos de quando Chrifto lançando os Demonios dos corpos, que elles atormentavaõ, lhe diziaõ que elle os lançava em virtude de Beelzebub.

Quando nos fuccedem couzas de afronta publica, nos lembraremos do que elle padeceo, quando Pilatos o moftrou da fua baranda ao povo. Quando falfamente fomos accuzados das teftemunhas falfas que deraõ contra elle; e dando-fe fentença contra nós injufta, traremos á memoria a injufta fentença de morte, que contra elle pronunciáraõ

Quando nos deixaõ noffos amigos em os trabalhos, nos lembraremos de quando o dezampáraraõ os Difcipulos vendo-o prezo.

Quando nos auzentamos das peffoas, a quem amamos, nos lembraremos da faudade de fua Mãy Santiffima, quando della fe defpedio da Cruz. E finalmente, quando padecemos

cemos enfermidades, e dores, nos lembraremos do que elle padeceo por noffo amor,
difcorrendo pelos tormentos de fua Paixaõ
facrofanta, fegundo a dor, ou parte do corpo
em que padecemos.

CAPITULO V.

De modo de fazer as confiffoens ordinarias.

Feito exame de conciencia com todo
o rigor poffivel, bufque logo fazer hũ
acto de contriçaõ, mas como efte naõ he
facil fazelo, a quem naõ anda muy chegado
a Deos, principie a moverfe pór hum acto de
attriçaõ, pezádolhe das culpas pela fua fealdade, e pelas penas do inferno, que por ellas
merece, na confideraçaõ de que aquella poderá fer a ultima confiffaõ que faça, e affim
vendo a piedade de Deos, que lhe permite
tempo para fazela, lhas confeffe primeiro
a elle, incitando-fe a hum acto fervoroziffi-
mo de contriçaõ com a lembrança do muito
que Deos padeceo por feu amor, fem ter della a minima dependencia, e depois continu-
andolhe tantos beneficios, pagandolhos ella
com tantas ingratidoens,

Com efta preparaçaõ pofta aos pés do
Con-

Confeſſor, as mãos levantadas, ſe incline profundamente, dizendo: *Jube Domine benedicere*, e aſſim fica, até que o Sacerdote lhe reſponde: *Ignem ſui amoris, & veræ contritionis aſcendet Deus in corde tuo, ut recte confitearis omni peccata tua.* Entaõ ſe levanta: e fazendo o final da Cruz, diz a confiſſaõ até o meyo: *Mea maxima culpa.*

E logo continua: Eſta digo a Deos, e a V. R. de todas as faltas, que tenho cometido da última confiſſaõ a eſta parte, e aſſim em primeiro lugar me acuzo, Padre, ſe para eſte Sacramento me falta algum requizito neceſſario por minha culpa, eu dezejo trazer huma contriçaõ verdadeira, e peço a Deos a ſupra com a ſua miſericordia.

A penitencia do paſſado ſatisfiz, mas com tam pouca dor, que tornei a cahir nos defeitos, de que ordinariamente me coſtumo acuzar. Acuzome da pouca fe, reverencia, e devoçaõ com que recebi o Santiſſimo Sacramento, e de lhe naõ dar depois diſſo as graças devidas a taõ alto beneficio, tudo por minha tibieza.

O que mais me agrava a conciencia, he o pouco que amo a meu Deos: aſſim me acuzo do pouco que aſpiro á perfeiçaõ do meu eſtado do pouco fruto que tiro deſta frequentaçaõ

çaõ de Sacramentos, e da ingratidaõ com que
correfpondo a tantos auxílios da Divina graça, como ordinariamente recebo. E difto fe
deve acuzar muito de veras, pois das peffoas Religiozas que naõ trabalhaõ pela prefeiçaõ diz Saõ Bernardo, que neffe mefmo ponto, em que naõ cuidaõ em fer melhores, neffe mefmo fe fazem máos ; pois faltaõ a hum
pónto dã fua obrigaçaõ.

Rezéi o Officio Divino, e fiz os mais exercicios efpirituaes , mas fempre como quem
foù, diftraida em varios penfamentos: aqui
explique fe heráõ, ou naõ peccaminozos ;
fe os confentio, ou naõ, ou ao menos fe lhes
reziftio com froxidaõ: diga fe faltou a alguma couza do Officio Divino; e fe deixou de
rezar as fuas devoçoens pôr negligencia ; fe
fe deixou vencer do fono na Oraçaõ pôr
fua culpa, ou diftrahio voluntariamente
em penfamentos aerios , faltando ao aproveitamento da fua alma, e a encomendar
a Deos, o que tem por obrigaçaõ.

A ccuzome naõ fer taõ obfervante como
devo dos votos da minha profiffaõ : da o-
bediencia me accuzo, que faltei tantas vezes ao que meus Prelados me mandáraõ, explique fefoy por malicia, defprezo, ou
defcuido , e aqui fe accuze fe faltou na

guar-

guarda dos Eftatutos , ceremonias , e mais acçoens da criaçaõ religioza , pois eftes faõ os efmaltes que illuftram a joya dos tres votos.

Da pobreza me accuzo , que naõ fou verdadeira pobre de efpirito , pois me contento mais com a abundancia das couzas, do que com apenuria dellas , e fe alguma couza pofitivamente faltou a efte voto, dádo , ou recebendo , &c. diga-o. Mas fobre tudo veja fe tem alguma couza a feu uzo, que feja contra efte voto , tire-o de fi , que em quanto o tiver eftá em peccado , e naõ póde fazer verdadeira confiffaõ , e nifto ponha grande cuidado , que he por onde muitas almas Religiozas fe perdem.

Da caftidade me accuzo , que naõ fou cafta na alma , e no corpo ; explique fe teve algum penfamento , o objecto delle , fe lhe deu confentimento , ou foy tibia na reziftencia , ou ficcou em duvida do confentimento. E advirta que Noffo Senhor permite os penfamentos impuros , ainda aos mais juftos , para da reziftencia delles tirarem o mayor merecimento ; mas viva para a reziftencia muito acautellada , pois díz Saõ Bernardo , que faõ fogo , que fe naõ queima , e E affim numca dé repopofta aos argumentos, que o Demonio lhe puzer nefta materia , mas divirta a confideraçaõ para outra parte ; pois efte, he o unico vicio, q̃ fó fe vence bem , fugindo.

Accuzome de faltar á caridade fraternal, naõ amando a meus proximos, como delles quereria fer amada , nem mecompadeço das fuas faltas., para os encomendar a Deos, antes os cenfuro interiormente com difplicencias : diga quantas vezes foraõ . e fe extriormente as murmurou ; diga fe foy em materia grave , ou leve , e fe foy com muitas peffoas. Se teve alguns actos de ira contra alguem . e diga fe foraõ de forte q̃ os provocaffe à mefma , ou os efcandelizafe.

Accuzome de todo o tempo perdido, e infrutuozo , que gaftei em converfaçoens, quebrantando o filencio religiozo : diga fe neffas o cazioés houve palavras o ciozas ou mentiras ; fe teve alguns actos de foberba, jactancia , vangloria , ou intemperança no comer , e beber ,explique-o E logo conclua.

Outras muitas culpas terei cometido, deque me naõ lembro para me a ccuzar, mas de todas ellas em geral, e deftas emparticular me accuzo de todas as q̃ cometi no difcurfo da mi-

minha vida, de novo me torno a accuzar,
e as sujeito ás chaves deste. Sacramento
(e se de prezente naõ tiver culpa conheci-
da, ao menos venial, repita para materia
certa do Sacramento alguma davida paſſada)
pedindo de todas ellas a Noſſo Senhor perdaõ pela sua miſericordia, e a V. R. a ab-
solviçaõ dellas com apenitencia que for
mais conveniente para a ſalvaçaõ da minha
alma ; e logo inclinandoſe acabe a Confiſſaõ : *Ideo precor, &c.* e em quanto a abſolve faça hum acto de contriçaõ. e peça
fervorozamente a Deos lhe conceda a graça daquelle Sacramento.

Cuide muio, em que a confiſſaõ das
suas culpas seja doloroza, naõ como muitos fazem, que trazem iſto na memoria como oraçaõ eſtudada, e a vaõ dizer aos pez
do Comfeſſor como menino que dá liçaõ
ao Meſtre, imitando a confiſſaõ de Judas,
que hera ſó dizer: *Decens pecavi*, que iſſo
naõ he confeſſar, nem buſcar a graça do
Sacramento, e seja muito fiel em dar conta ao Confeſſor do bom, e màô que paſſa
nó interior da sua alma, naõ fazédo couza algũa q nãſeja por ele determinado, né deixádo
de fazer tudo, o que elle lhe mandar, que eſte
he o caminho ſeguro do eſpirito, e aſſim
diz

diz. S. Bernardo: haja muita humildade, rendimento, e obediencia ao Confeſſor, ǫ no inferno eſtaõ penitentes, caſtos, e contemplativos, mas obediente nenhum.

Oraçaõ preparatoria para a Confiçaõ.

ALtiſſimo Senhor, Creador dos Ceos, e da terra, que de nada me criaſtes á vòſſa imagem, e ſemelhança, e me redemiſtes com os rubins de voſſo precioziſſimo ſangue, a quem eu mizeravel peccadora naõ ſou digna denomear, nem invocar, ainda trazer á memoria, humildemente vos rogo, que com voſſa infinita piedade, ponhais os olhos neſta voſſa indigna ſerva, e tenhais mizericordia com ella, aſſim como a tiveſtes com a Magdalena peccadora: reconheço Senhor o quanto devo à voſſa infinita piedade, pois eſtando tantos milhares de almas no inferno por hum ſó peccado, a mim a inda metendes ſobre a terra capaz de aproveitarme da voſſa mizericordia, ſendo as minhas culpas taõ iméſas no diverſo, e no ſucceſſivo, que parece naõ podia o Demonio chegar tentando, donde eu cheguei delinquindo.

Mas ſe igualmente vos agrada confeſſar

ſſar culpas, como vos ofende cometer delitos, aqui confeſſarey tantas vezes na
voſſa prezença; que vos poſſa dar de gloria confeſſando-as, o que vos dei de pena
commetendo-as: aſſim confeſſo Senhor os
meus grandes delitos, pois ainda que de
vos os queira eſconder, naõ poſſo: perdo-
ai-me Clementiſſimo Senhor tudo quanto
delinquî por penſamentos, palavras, e
obras, por minha culpa, minha culpa,
minhagrande culpa; por tanto vos peço,
que lembrado do amor com que deſceſtes
do Ceo à terra para me ſalvar, me perdo-
ꝛeis; uzando comigo a piedade, que uzaſtes
com a Cananea.

Vós ſois a minha eſperança, a minha
confiança, o meu governo, o meu auxilio, a minha conſolaçaõ, aminha fortaleza,
a minha defenſa, a minha liberdade, a
minha ſalvaçaõ, a minha reſurreiçaõ, aminha
luz, o meu dezejo, o meu patrocinio, a ſſim
rogo, que me ajudeis, e ſerei ſalva: gover-
naime, defendeime, confortaime, conſolai-
me, confirmaime, alegraime, alumiaime,
vizitaime, e reſuſcitaime, que ſou obra das
voſſas maõs, naõ me deſperzeis Senhor,
pois ainda que má, ſou voſſa ſerva, e ou ſeja
má, ou boa, ſempre ſou voſſa; e deſta ſorte
para

para quem fugirei, fenaõ para vós? e fe vòs me lançais da voſſa prezença, quem me ha de receber na fua? Se vòs me defprezais, quem me ha de querer? Recolheime piedozo Senhor, debaixo das azas do voſſo amparo, porque fe eu fou vil, e immunda, vos me podeis purificar; fe fou cega, vòs me podeis alumiar; fe enferma, e fraca, vós me podeis farar; fe eſtou morta pela culpa, e fepultada na profunda cova dos meus vicios, vôs me podeis refufcitar, pois he mayor a voſſa mifericordia, do que a minha maldade: mais podeis vòs perdoarme, do que eu poſſo offendervos: naõ me defprezeis Senhor, nem atendais ao enorme das minhas maldades, q̃ mais grandeza voſſa he perdoarme, do que punirme: naõ vos íreis contra min, que fois bondade eterna, converteime a huma verdedeira penitencia das minhas culpas, a huma vedadeira confiſſaõ dos meus peccados, e a huã verdádeira fatisfaçaõ das fuas penas.

Oraçaõ antes da Confiſſaõ

REcebei eſta minha confiſſaõ, Clementiffimo Senhor, única efperança da falvaçaõ da minha alma: rógovos meu doce JESU, me deis huma contriçaõ taõ grande,

que ou me eftale como vidro dentro no peito o coraçaõ, ou me faya pelos olhos desfei-
to em lagrimas, chorando de dia, e de noite,
para que polla dar huma cabal fatisfaçaõ a
tantas culpas: ouvime meu Deos, amantiffimo Senhor, naõ vos façais furdo aos meus
clamores, que fe vos irais contra mim, naõ
tenho quem me poffa valer; lembraivos que
déftes a vida a puros tormentos em huma
Cruz, para naõ atenderes tanto ás minhas
maldades, que vos efqueçais de voffa bondade immenfa; e fe eu perdi a graça peccando,
por onde me podeis condenar, vós naõ per-
deftes a mizericordia, por onde me podeis
falvar; compadeceivos defta alma, que ainda que mil vezes ingrata, falfa, e desleal,
fempre he voffa efpoza, dezatay-a das pri-
zoens da culpa em que eftá, e curailhe as
chagas dos feus peccados; rogovos adorado
Senhor pelo leite que mamaftes nos virgi-
naes peitos de voffa Máy Santiffima, pelos
merecimentos de M. S. P. S. Francifco,
e de minha M. S. Clara, e de N. lance-
is as luzes da voffa graça, e da voffa verdade em minha alma, para que conheça todos
os defeitos, de que me devo confeffar;
ajudaime para que inteiramente os explique, e com verdadeira cõtriçaõ os manifefte.

Amen.

Oraçaõ para depois da Confiſſaõ.

ROgovos meu dociſſimo JESU que pelos mereçimentos de Voſſa May Santiſſima, e de todos os Santos vos feja aceita, e grata eſta minha confiſſaõ, e tudo o que nella mefaltou de dor, de integridade, de pureza, ſupra-o a voſſa piedade, e a voſſa mizéricordia, e por eſſa meſma vos digneis de me dar de todo por abſoluta na voſſa prezença. Amen.

Oraçaõ para antes da communhaõ.

TOdo poderozo, e todo amante Senhor, á meza Sacramental, de voſſo Unigenito Filho chega eſta ovelha defgarrada, que ate gora errante pellos dezertos do mundo, onde trazia os penſamentos, andou paſtando nos dilatados montes dos feos vicios: eſta ovelha perdida, atraz de quem correndo voſſo Filho como Divino, e bom Paſtor trinta e tres annos, a bufcou com tanto diſvelo, e trabalho, que fe meteo naõ ſó por eſpinhos taõ altos, que lhe feriraõ a cabeça, mas pela ponta de huma lança, que lhe trefpafou o coraçaõ : buf-

P   cava-

cavame todo amante , para me trazer em
feus hombros , a meterme no aprifco da fua
graça, e eu fugindolhe fempre como lou-
ca, fem temor a meterme nas garras deffe lô-
bo infernal , mas agora conhecendo os meus delirios , chego como enferma ao Medico da vida; immunda á fonte da mizericordia ; cega á luz da eterna claridade ; pobre
e neceffitada , ao Senhor do Ceo , e da terra. Affim vos peço Senhor , pois fois infini-
tamente liberal, e ternamête côpaffivo,q̃ vos
digneis curar a minha enfermidade , lavar
asminhas immundicias , enrriquecer a minha
pobreza , veftir a minha defnudez , para
que vos receba pão dos Anjos , Rey dos
Reys , Senhor dos Senhores , com tanta
reverencia , com tanta humildade , com
tanta contriçaõ , e devoçaõ , com tanta pureza , e fé , com tal propozito , e intençaõ,
como convem à falvaçaõ da minha alma,
e ao refpeito de voffa grandeza infinita.
Rogovos Senhor , que me deis a goftar:
naõ fó as efpecias Sacramentaes , mas a virtude ; e graça defte inefavel Sacramento.
Concedeime Clementiffimo Senhor , que
de tal forte receba aquelle corpo de voffo
Unigenito Filho , que elle trouxe das pu-
riffimas entranhas da Virgem Maria ,
que

que mereça incorporarme com o feu mi-
ftico corpo , e fer comnumerada entre os
feus divinos membros ; bem conheço Se-
ñhor , que he muy vil , e pequeno taber-
naculo o meu coraçaõ , para receber hum
Senhor de tanta grandeza , e Mageftade,
que naõ cabe nos Ceos , e na terra ; mas
vós, que tudo podeis, o purificai, e dila-
tai de forte , que naõ fó fe acomode nelle , mas ahi ache aquellas delicias , que
queria ter , e gozar com os homens filhos
de Adam . O amantiffimo Pay concedeime, que perpetua mente comtemple , e goze
no Ceo a fermozura de voffo Unigenito
Filho, que agora intento receber disfarça-
do , e efcondido debaixo de veos cadidos,
e encarnados. Amen.

Oraçaõ para depois de commungar.

INfinitas graças vos dou , amantiffimo
Senhor , pois fó movido da voffa bondade imméfa, vos dignaftes faciar com o corpo , e fangue de voffo Filho a efta mizeravel peccadora deftituida de todo o merecimento ; a gora Rogo á voffa fúma piedade , que efta fagrada Communhaõ me
naõ feja reato de pena , mas huma intre-

cef-

cessaõ suave para o perdaõ da minha culpa ; sejame arma segura contra as astucias
de meus inimigos assim viziveis, como in-
viziveis; escudo firme de fé, extraminaçaõ
de vicios , augmento de caridade, de paciencia, de humildade, de obediencia; sejame quietaçaõ de todos os movimentos,
assim carnaes, como espirituaes, huma firme uniaõ com vosco Deos Trino, e uno;
sejame medicina de vida, fortaleza contra
a debilidade, viatiço da minha perigrinaçaõ
no desterro deste mundo, e huma feliz con-
sūmaçaõ do meu fim.

Permiti Senhor, que de tal sorte me mude o appetite este divino manjar, que de
hoje em diante nenhuma outra doçura sin-
ta mais que a vos, nenhuma outra fermozura queira mais do que a vossa, nem outro a mor mais que o vosso; por elle despreze todas as honras mundanas, por elle
despreze os tormentos, e busque as mortificaçoens da penitencia; rogovos Senhor,
vos digneis levar esta mizeravel peccadora
àquelle inefavel banquete, onde vós com
vosso Filho, e com o Espirito Santo so-
is verdadeira luz, gosto perfeito, alegria
consummada, felicidade sem fim; que naõ
he bem que huma alma, que chegou a ser
dito

ditoza arca daquelle Divino Manná , firva
em algum tempo de lenha ao fogo do inferno. Concedei Senhor á minha alma que
fempre tenha fome de vos pão de Anjos,
refeiçaõ de almas fantas , que em fi contem
a fuave doçura de todas as delicias. Daime
que'afpire continuamente a ver aquella Divina face , em que os Anjos fufpiraõ reverfe;
que fempre vos bufque , e fempre vos ache,
fempre caminhe para vós , e fempre vos en-
contre propicio ; asminhas confideraçoens
todas fejaõ em vós, as minhas palavras todas fejaõ de vós , e as minhas acçoens todas fejaõ obradas em gloria voffa com perfeverança atè o fim ; fó vós sejais aminha
efperança , a minha confiança , as minhas
riquezas , a minha alegria , ó meu gofto,
o meu defcanço , a minha paz , a minha
fuavidade , o meu cheiro , o meu comer ,
o meu refugio , o meu auxilio , a minha
fabedoria , o meu thezouro , em o qual
efteja fempre fixa , firme, e immovel aminha confideraçaõ, e o meu coraçaõ. Amen.

Modo de offereçer as Indulgencias.

S Oberano Senhor, e Deos, eterno, eu vos offereço esta oraçaõ por aquelles fins, e motivos, que tiveraõ os Sũmos Pontifices voffos Vigarios na terra, quando concederaõ as indulgencias que pertendo ganhar; e affim mefmo faço tençaõ ganhar todas as que por algum privilegio, oraçaõ que rezaffe, ou obra que fizeffe me faõ concedidas, as quaes applico por modo de fuffragio pelas bemditas almas do Purgatorio, naõ faltando a mim, nem ás minhas mayores o brigaçoens; e para que fejais Senhor fervido augmentar o eftado de voffa Igreja, côverter à voffa Sãta fe todos os hereges, e infieis, e todos os peccadores à voffa graça, para que vivendo todos nella, alcancemos a voffa gloria. Amen.

Oraçaõ à Virgem Maria Noffa Senhora.

O' Soberana Senhora, Mãy amorofiffima glorioza, fempre Virgem Maria, rogovos humildemente me recebais no piedozo feyo de voffa amorofa piedade, e com fingular protecçaõ me amparay, e defendei hoje, e to

e todos os dias; principalmente na hora da
minha morte. Em voſſas máos, Máy, e Senhora minha, ponho as minhas penas, trabalhos, e neceſſidades, potencias, alma, coraçaõ, e ſentidos, para que por voſſos rogos, e
maternal affecto todas as minhas obras, penſamentos, e palavras ſe encaminhem á mayor
honra, e gloria de voſſo Unigenito Filho
JESU Chriſto Deos Noſſo Senhor, que com
o Padre, e Eſpirito Santo vive, e reyna por
todos os ſeculos dos ſeculos. Amen.

Todas as creaturas do Cèo, e da terra, e
tambem as do inferno ſe proſtrem venerando,
e reverenciando os ſantiſſimos nomes de
JESU, Maria, Joſeph.

CAPITULO VI.

Do Caminho da perfeiçaõ

OS caminhos por onde ſe ſobe à perfeiçaõ ſaõ tres; o primeiro he a via Purga-
tiva, que he a dos principiantes na virtude, que ſe exercitaõ em mortificacoés, e
penitencias por remedio dos ſeus peccados.
A ſegunda he a via Illuminativa, que he a dos
que jà vaõ aproveitando na virtude; conhe-
ceſe ter a alma já entrado nella, quando ſuppoſto

posto naõ busca,nem dezeja as mortificaçoés, ou occaziaó dellas, com tudo quando vem, as abraça com amor, e caridade. Aterceira he a via Unitiva, esta he a dos perfeitos, que já estaó unidos com Deos por amor ; conhe-ce-se estar nella a alma , quando naõ só deze-ja as occazioens de padecer por amor de De-os, mas as busca , e dezeja ser desprezado , e abatido de todos, alegrando-se com os des-prezos, e vilipendios.

A prezença de Deos, taõ recomendada dos Mestres de espirito, e em que os que dezejaó ser perfeitos, devem pôr todo o seu estudo, alcança-se, e logra-se por tres modos, por Fé, por sentimento, e por côsideraçaó ; conside-rando que está Deos dentro de nós mesmos, pois he certo que esta em todo o lugar,e tudo delle está cheyo , por ser infinito , e assim assentado nesta verdade, suspende o discurso, e fica abraçada com elle, a mando-o, e deze-jando-o, sem mais esquadrinhar com o enten-dimento como he, ou póde ser isto.

Por Fé (e he o modo mais breve, e melhor que o primeiro) crendo firmemente, que De-os está em todo o lugar , mas no interior da-creaturas com mais gozo seu, e proveito del-las , pois no coraçõ das almas justas tem o jardim das suas delicias : *Et deliciæ meæ esse cum*

cum filiis hominum, (Proverb. 80.31.) e aſſim formará colloquios de gratificaçaõ , dirigidos ao interior da ſua alma , adonde por Fé vé eſtar a Mageſtade Divina, toda empenhada a fazer ahi a ſua habitaçaõ , para mais a enriquecer de beneficios.

Por ſentimento he, quando Deos ſe manifeſta á alma, que de veras tem virado as coſtas ao mundo , e renunciado todas as ſuas grandezas , delicias, e regalos, por achar em Deos aquella precioza margarita do Evangelho; e aſſim ſó cuida de o buſcar, e eſtar nelle por conſideraçaõ , e Fé, produzindo continuamente muitos actos de amor do meſmo Senhor. Eſta manifeſtaçaõ que Deos faz de ſi às almas , que com vivas ancias o buſcaõ , ſente-ſe, mas naõ he poſſivel explicàrſe como verdadeiramente paſſa , porque muitas vezes ſe tem devoçaõ interior ſenſivel, ou ſuavidade da alma: e o que deſta ſorte chega a eſtar com Deos, tem chegado à vida contemplativa, que he o graõ mais perfeito da oraçaõ, e em que ſó o eſpirito obra, e nada a creatura.

Mas para chegar a eſta perfeiçaõ de vida, he neceſſario frequentar muito a Meditaçaõ , o que fara trazendo continuamente pelos dias da ſemana a Deos reprezentado na me-

memoria em hum paſſo da ſua Paixaõ ſacroſanta. Na ſegunda feira, reprezentara diante
de ſi a Chriſto no Horto todo afflicto, e
banhado de ſangue; orando pela ſalvaçaõ dos
homens. Na terça, prezo à columna laſti-
mozamente ferido com açoutes. Na quarta,
coroado de eſpinhos, veſtido de vil purpura,
e os Farizeos fazendolhe mil vilipendios.

Na quinta, com a Cruz ás coſtas, todo fa-
tigado com o ſeu exceſſivo pezo. Na ſeſta,
crucificado. No Sabbado morto, e deſpeda-
çado nos braços de ſua Mãy Santiſſima. No
Domingo, reſuſcitado gloriozo, acompanhado de todas as almas juſtas, que eſtavaõ no
Limbo, e de muitos córos de Anjos, que deſ-
ceraõ do Ceo a celebrar o ſeu triunfo; e finalmente entregarſe muito às mortificaçoens do
jejum, cilicio, e diſciplinas, mas principalmente na mortificaçaõ das paixoens deve
pôr todo o ſeu mayor cuidado, porque ſem
iſto naõ póde a ver Oraçaõ, pois de tal ſorte
ſaõ correlativos Oraçaõ, e mortificaçoens,
que naõ póde aver huma couza ſem outra.

CAPITULO VII.

Da Oraçaõ Mental.

A Oraçaõ fe define: *Eſt elevatio mentis in Deum*. He hum levantar do penſamento a Deos. Tres modos ha de Oraçaõ, a faber Mental, Vocal, e Miſta: a Mental he a que fe faz unicamente com o entendimento, elevando o penſamento a Deos: a Vocal, he a que fe faz com palavras, como rezando o Padre noffo, e as mais oraçoens, que uza a Igreja: a Miſta, he a que fe compoem deſtas duas, rezando com a boca, e o penſamento todo elevado em Deos; ou quando eſtando em oraçaõ rompe pela força do eſpirito em algumas palavras de louvores de Deos, ou admiraçaõ dos feus attributos.

A Oraçaõ Mental fe divide em tres modos: em Meditaçaõ, em Oraçaõ, e em Contemplaçaõ. A Oraçaõ he mais perfeita que a Meditaçaõ, porque a Oraçaõ he fruto da Meditaçaõ; e a Contemplaçaõ he mais perfeita q̃ a Oraçaõ; porque he da Oraçaõ o fruto.

A Oraçaõ Mental tem feis partes, a faber, Liçaõ, Preparaçaõ, Meditaçaõ; Acçaõ de gra-

graças, Offerecimento, Petiçaõ; mas naõ he
neceffario que todas concorraõ, fempre, para que a Oraçaõ feja perfeita, porque fem alguma, ou algumas dellas o pòde fer.

LIC, AM.

Primeira parte.

A liçaõ fe tomará da fagrada Efcritura; ou
de algum livro devoto, e deve fer attenta, e
naõ muito larga, a qual ainda que naõ feja
fempre neceffaria, com tudo he mui proveitoza aos que principiaõ. Santos houve que
em muitos annos naõ puderaõ fem ella ter
Oraçaõ, como defi confeffa S. Thereza.

PREPARAC, AM.

Segunda parte.

A preparaçaõ he em duas maneiras, proxima, e remota: a remota he mais neceffaria,
e effencial; confifte na pureza da confiencia,
mortificaçaõ dos fentidos, apartando da memoria cuidados impertinentes, que poffaõ
impedir o difcurfo do entendimento; al fim
fer para o mundo cega, furda, e muda: furda,
fu-

fugindo de ouvir palavras vans, hiſtorias, contos inuteis, naõ procurãdo ſaber, o q̃ paſſa por caza, e muito menos pelo mundo:muda para naõ fallar iſſo meſmo.: ainda muitos Santos dizem que o muito fallar de Deos impede o aproveitamento do eſpirito, porque he melhor fallar com Deos, do que fallar de Deos; tanto como iſto he neceſſario a guárda da lingua: cega, naõ trazendo a viſta derramada por todas as partes, porque atraz della ſe vay o coraçaõ; al fim taes nos acharemos neſte acto da Oraçaõ, quaes antecedentemente nos prepararmos, que por iſſo muitos aproveitaõ taõ pouco nella, porque eſtaõ com hum pé na terra,e outro no mar ; iſto he,com o corpo na Religiaõ, e com os cuidados no mundo ; e Deos ſó entaõ nos falla á alma, quando nos pomos em huma ſolidaõ, deſpindonos de todos os cuidados terrenos: *Ducam eam in ſolitudinem, & ibi loquar ad cor éjus.* (Oſéas.)

Preparaçaõ proxima, he pôrſe de jeolhos, ou de outra maneira, conforme a melhor diſpoſiçaõ, que o corpo puder, mas com tanta humildade, ſubmiſſaõ, e reverencia, como quem vay fallar a huma Mageſtade Divina, diante de quem temem, e tremem os Anjos: *Virtutes cælorum movebuntur.* (Mar. 13.)

M E-

MEDITACAM.

Terceira parte.

Meditaçaõ, he hum discurso do entendimento, com o qual miudamente se especulaõ as circunstancias de alguma obra, ou atributo de Deos, ordenado para accender a vontade com algum santo affecto.

ACCAM DE GRACAS.

Quarta parte.

He dar graças, em commum, pelos beneficios que fez, e faz à sua Igreja, e em particular, pelos que me fez, e faz, e a todos os da minha obrigaçaõ.

OFFERECIMENTO.

Quinta parte.

He offerecerse a si com todas as suas potécias, e quanto em si tem a Deos, para que della faça o que for servido ; e se alguma couza tem feito, que possa ser do seu agrado, offerecercerlho com os merecimentos dos juftos, e finalmente os do fangue de JESU Chrifto por nós derramado; em gratificaçaõ do feu amor, e beneficios que a mim, e a todo o mundo fez.

P E T I C, A M.

Sexta parte.

He pedir a Deos mifericordia, em cómum, para todos os peccadores, e em particular, remedio para todas as minhas neceffidades efpirituaes, e temporaes.

Segue-fe o modo de difpor com eftas feis partes a Oraçaõ.

POfto no lugar para a Oraçaõ deputado, com muita compoftura do corpo, de joelhos, e naõ fentada, ou encóftada, (falvo a muita neceffidade pedir o contrário) fe cañfar, levantefe em pé, pois de hir á oraçaõ com tibieza, e froxidaõ, e menos reverencia, tem a experiencia moftrado o pouco fruto que della fe tira; fara logo o final da Cruz, intentando com elle, em quanto fe perfignar, afugentar os Demonios, e todos os máos penfa-
men-

mentos que a poſſaõ divertir da prezença de Deos; em quanto ſe benze, diſpôr, fazer eſte acto em nome detoda a Santiſſima Trindade; logo por hum acto de viva fé conſidere que eſta diante da Mageſtade Divina, a quem proſtrando-ſe por terra(ſe for em parte occulta, ſenaõ dentro no ſeu coraçaõ) adorarà profundamente com as palavras: *Gloria, Patri, &c.* convidando a todos os Eſpiritos Angelicos, Bemaventurados do Ceo, Juſtos da terra, para que a ajudem à loũvar a ſeu Creador.

Continue com hum profundiſſimo acto de conhecimento proprio, até ſe perder de viſta na conſideraçaõ da ſua mizeria, e peccados, trazendo brevemente á memoria os muitos, que contra Deos tem cõmetido, a ingratidaõ com que correſpondeo aos ſeus beneficios, e ſantas inſpiraçoens, o muito que lhe deve, pois condenado a Lusbel, e á quelle ſem numero de Anjos a póſtatas, e a outros muitos peccadores por hum ſô peccado, a ella com huma immenſidade de culpas ainda a tem ſobre a terra, eſperandolhe pelo arrependimento, e conſente eſtar alli na ſua prezença, e ſobre tudo dezeja ainda, que ella ſe diſponha para lhe fazer mayores beneficios; e aſſim faça hum fervorozo acto de contriçaõ, com pro-

pozi-

pozito firme de antes morrer, que peccar outra vez. Logo pedirá ao Efpirito Santo luz,
e graça, valendo-fe para ifto da Virgem
Maria, do Anjo da fua guarda, e dos mais Sá-
tos, com quem tiver particular devoçaõ, para
affiftir naquelle fanto exercicio com toda a
devida reverencia, e tirar delle o fruto que for
mais conveniente para gloria de Deos, e bem
da fua alma, e ifto fara com brevidade.

Feito ifto, entrará na meditaçaõ daquelle
ponto, que leo, ou em algum daquelles paffos
da Paixaõ de Chrifto, que traz na memoria:
fe for meditaçaõ da Paixaõ de Chrifto, o
reprezentará dentro de fi, ou junto afi,
padeceu aquelles rigorozifimos tormentos,
que a fé nos enfina, padecéo ás mãos dos Farizéos, ou no Horto, ou nos açoutes, &c.
e ifto com muita applicaçaõ dos fentidos,
confiderando quem he o que padece, que padece, e por quem padece: quem he o que
padece? O mefmo Filho de Deos, Senhor
dos Ceos e da terra, em huma humanidade
innocentiffima, e de huma compleyçaõ muy
delicada: *Filius meus delicatus eft.* e por
ifto mais fenfivel para o tormento. Que padece? golpes, açoutes, bofetadas, defpre-
zos, afrontas, e finalmente morte de Cruz.

Por quem padece? Por huma creatura de

Q   fua

fua natureza vil, de quem naõ tinha a minima dependencia, que o tinha offendido muitas vezes, e avia de fer taõ ingrata, que
lhe avia de pagar aquelle beneficio da redẽ-
pçaõ às lançadas, cometendo depois difto
contra elle as mayores, emais enormes culpas, como fe o crealo, redemilo, e querer-
lhe dar a fua gloria foraõ aggravos, que lhe
fizefle: junte aifto apaciencia com que padece cordeiro mudo para a queyxa.

O fim porque padece? Para redemirnos do
captiveiro do Demonio, em que nos poz o
peccado, e darnos a fua gloria, Enifto gafta-
rà o tempo atè fentir a vontade inflamada,
entaõ pare com o difcurfo, e comece a produzir actos de amor de Deos, pois a meditaçaõ naõ he mais, que para nos mover a
ifto; e fe todo o tempo determinado para a
Oraçaõ, e ainda muito mais puder gaftar em
produzir eftes actos, naõ cuide em as mais
partes da Oraçaõ, pois ifto he o com que mais pode agradar a Deos.

Mas advirta, eftes actos, e movimentos de amor de Deos, quando os produzir feja branda, e fuavemente, que o
muito exceffo nelles he nocivo, affim para
a faude do corpo, como para a da alma,
porque cauza temor, e faftio á Oraçaõ, pe-

lo tormento que padece a natureza neftes dezejos indifcretos. E fe fe intibiar , torne lo
go bufcar na meditaçaõ o fervor do amor
Divino para poder continuar ; ou fe incite
com algumas jaculatorias , pois faõ eftas
humas fetas , que defpedimos ao coraçaõ
de Deos ; diz Santo Agoftinho , de donde
retrocedendo vem a ferir o noffo.

Porém , fe vir que fe vay paffando o tempo, fem poder mover a vontade a couza
alguma, antes fe vè combatida de varios penfamentos,eperfeguida de fono ; trabalhe com
toda a força lançalos de fi , e affim ainda que
fecamente, và continuando as demais partes
da Oraçaõ, atè encher o tempo para ella
determinado; e nem por iffo fe deve def-
confolar, antes faiba, que fe voluntariamente fe naõ diftraír nos penfamentos , e
trabalhar valerozamente contra elles ; tem
muito mayor merecimento, do que quando
paffa o tempo na Oraçaõ com lagrimas , ter-
nuras , e compunçoens ; pois ahi naõ ha coroa fem batalha, nem batalha fem ter inimigos que vencer ; e nifto perfevere, ainda
que feja por todo o difcurfo da fua vida, nunca deixando a Oraçaõ; que muitos Santos
houve que Noffo Senhor levou por efte caminho das fecuras , fem nunca lhes dar a
Q 2   mini-

minima cofolaçaõ, naõ porque os amen me
nos, mas porque lhas tem rezervado, para
com mão mais larga lhas dar na Bem-a-
venturança.

E tambem deve advertir, que nunca inter-
rompa o difcurfo da Oraçaõ, efcutando fe
Deos falla á alma, porque hé ignorancia
craffa, e tentaçaõ manifefta, pois Deos quádo quer falar à alma, elle fe faz ouvir por
varios modos, por mais que ella naõ queira.
Emenos faça perguntas a Deos, parando,
a ver fe elle lhe refponde, ou refpondendo fe
a fi mefma com a fimplicidade da fua imaginaçaõ, que tudo faõ erros, e enganos. Nem
peça a Deos, nem dezeje favores deconfola-
çoens, vizoens, revelaçoens, mas fó virtudes,
porque neffas ha muito merecimento fem
emgaño, e naquellas pode haver muito
engano, e nenhum merecimento
Cuide muito, que a meditaçaõ naõ feja fo
efpuculativa, mas pratica; ifto he, que naõ
pare no conhecimento daverdade, que bufca, e alcança com a meditaçaõ, mas paffe a
executar effa verdade, que efte he ofim total da meditaçaõ; defprezar o mundo, amar,
e imitar a Chrifto; e affim quando confiderar
no que he Deos, a fua grandeza, a fua gloria, a
fua bondade, e que delle nos vem todo o bé,
pois

pois o mundo naõ póde dar, o que naõ logra
por fer todo hum fumo fem fubftancia, naõ
avemos de parar fó no conhecimento defta
verdade, mas tirar por fruto, defprezar de -
veras as honras, dignidades, riquezas, e gostos
mundanos, e trabalhar fó pelas delicias do
Ceo, pois eftas faõ as verdadeiras, que duraõ
eternamente, eaquellas falfas, etranzitorias,
acabaõ, e affim andarà louvádo cõtinuamête
a Deos, e amádo-ó, para nos crear para ellas.

Quando confiderar na Paixaõ de Chrifto,
conhecendo o muito, q̃ padeceo por noſſos
peccados, a paciencia com que padeceo,
o amor com que rogava afeu Eterno Pay por
quem lhe eftava tirando a vida, ha de tirar
por fruto, animarfe a fazer penitencia por
feus peccados, a fer fofrida nás adverfidades,
a perdoar benignamente os aggravos, que
lhe fizerem, e ainda fervir a quem a offender
com mais võtade, do que aõ que a beneficiar,
e al fim trabalhar por vencer aquellas paixoens, em que he menos mortificada, e fe affim
o naõ fizer, he trabalhar de balde; que por
iffo vemos a muitos taõ pouco aproveitados
na virtude, tendo muitos annos de exercicios
efpirituaes, por naõ cuidarem emtirar da
Oraçaõ o fruto conveniente, e polo em ex-
cuçaõ.

De-

Depois da meditaçaõ, rompa em huma fervoroza acçaõ de graças, dando-as a Deos, em commum, pela creaçaõ conſervaçaõ, e redempçaõ do genero humano, pelas graças, e perfeiçoens de que enriquecéo ahumanidade ſacroſanta de Chriſto Senhor Noſſo, á Virgem Maria ſua Santiſſima Mãy, e aos Anjos, pelas inſpiraçoens, e auxilios cõtinu-os com q̃ aſſiſte aos ſeus eſcolhidos, e univerſalmente a toda a Igreja Catholica, e lhe deixar nos Sacramentos hum remedio taõ facil para a remiſſaõ das culpas, cuſtádo-lhe a elle o ſãgue, e a propria vida. E em particular lhas darei, pelos que me faz a mim, e aſſim hirei diſcorrendo por todos os que tenho recebido, em eſpecial o quererme ainda para a ſua gloria, teñdo eu tantas vezes merecido o inferno; eſperãdome á ſua mizericordia tantos annos pelo arrependimentø, devendo a ſua juſtiça caſtigarme no meſmo inſtante, que ingrata a ſeus beneficios o offendi.

Reconhecida a todos eſtes beneficios, diga com hum profundiſſimo conhecimento da ſua pobreza, como David: *Quid retribuam Domino pro omnibus, quæ retribuit mihi?* Que poderei eu, ſendo huma vil formiga, dar, ou offerecer a hum Senhor de tanta Mageſt-

geſtade, e grandeza, em retribuiçaõ de hum̃a
immenſidade de favores, que de ſua liberal
maõ tenho recebido? Mas pois de mim propria nada poſſo, e nada tenho, darlhehey o
meſmo que elle me deu, darlhehey a ſeu Unigenito Filho, com todos os tormentos que
por mim padeceo, e o amor com que os padeceo; e iſto com eſpecialidade lhe offerece-
rà naquelle paſſo, em que o tem meditado,
e lho offerecerá, em commum, pelos peccá-
dos de todo o mundo; em particular, pelos
ſeus, e daquelles, a quem tem alguma particular obrigaçaõ; logo fara offerta de ſi, reſi-
gnando-ſe toda na ſua Divina vontade, com
propózito de obedecer ás ſuas ſantas inſpiraçoens, reformar a vida, e nunca mais peccar,
repetindo aquellas palavras de Saõ Paulo:
Domine, quid me vis facere? Senhor, que
quereis que eu faça.

Concluirá finalmente com a petiçaõ, a qual
lhe deve fazer com muita confiança, na certeza de que elle goſta, que lhe peçamos, como tantas vezes nolo recomenda: *Petite, &*
accipietis: pulſate, & aperietur vobis: e aſſim
lhe pedirá primeiramente pelo eſtado da
Santa Madre Igreja, augmento da Fè Catholica, páz e concordia entre os Principes
Chriſtáos, extirpaçaõ das herezias, conſervaçaõ

vaçaõ dos juſtos, e converſaõ dos peccadores;que nos dê luz para o conhecermos,amor
para o amarmos, perſeverança no ſeu ſanto
ſerviço, e hum ſuſtento neceſſario para paſ-
ſar a vida; rogarà pelos amigos, bemfeitores,
reprezentando em commum, e em particular
as neceſſidades de cada hum, e iſto com fervor, mas brevemente,ſem que ſeja neceſſario
pronunciar palavras, mas tudo no interior da
ſua alma, porém ſempre reſignando as peti-
çoens na ſua Divina vontade: *Non mea
voluntas, ſed tua fiat: non nobis Domini, non
nobis, ſed nomini tuo da gloriam.*

Eſta he a Oraçaõ, que todos devemos ter,
e podemos ter, que a da Contemplaçaõ, e
ſentimento paſſivo, dá-a Deos a quem he ſer-
vido: *Spiritus ubi vult ſpirat*; mas he certo que a muitos a naõ dá, porque ſenaõ diſ-
poem para ella.

Explicaçaõ de alguns termos mais com-muns da Theologia Miſtica.

Theologia Miſtica, he huma noticia, ou
conhecimento de Deos eſcondido, que
a alma alcança neſta vida, mediante huma perfeitiſſima uniaõ da võtade com o meſmo Deos;diſtingueſe da Theologia eſcolaſtica,que a eſcolaſtica encaminhaſe a conhecer a Deos, e a Miſtica, a amalo.

De-

Devoçaõ.

He huma promptidaõ da vontade para todo o bem,

Amor de Deos?

He hum acto de gozo, e complacencia da vontade, de que Deos seja quem he.

Acto de amor de Deos?

He huma inclinaçaõ doce, e fuave, com que produz a alma hum movimento amorozo em Deos, comó quando diz: Ah meu Deos, quem deveras vos amára com tanta ternura, que fe derretera em lagrímas em quanto affim, he fervor, fe crece mais, paffa a furor do efpirito, que he o mefmo que hum fervor imprudente.

Palavras jaculatorias?

Saõ humas refpiraçoens amorozas, com que a alma fufpira, e fe inflama no amor de Deos, v.g. dizendo: Oh alegria dos Anjos, quem fempre vos tivera no coraçao unido! quem fenaõ apartára hum inftante da voffa vontade!

Contemplaçaõ?

He hum acto, e clara vifta do entendimento, com que quietamente, e muitas vezes com deleitaçaõ vê, e conhece alguma verdade inquirida, e achada com o difcurfo da Meditaçaõ; confifte no entendimento, determina fô na verdade.   *Me-*

Meditaçaõ?

He hum difcurfo, que bufca verdades pias, para mover a vontade a amar o bem, e aborrecer o mal.

Cogitaçaõ?

He huma Oraçaõ breve, que fe faz com pouca duraçaõ de tempo, com particular luz do Efpirito Santo; move a algum affecto de couzas efpirituaes.

Efpirito?

He hum interior compofto de graça, conhecimento, e affecto; porém o affecto, e propenfaõ a couza boa, ou mà, lhe dá o nome de efpirito bom, ou mào.

Uniaõ Divina?

He huma junta, e transformaçaõ, que a alma faz por amor com Deos; efta fe faz humas vezes por meyo das potencias, mediante a luz, ou noticia, que por ellas recebe a alma; outras vezes (e efta he fuperior) fe faz quádo a alma eftá toda recolhida em Deos, fem advertir a couza creada.

Affecto?

He huma virtude, e esforço da alma, que tem pela graça, com particular preparaçaõ, e dezejo de agradar a Deós em todas as fuas acçoens.

Mente?

He huma effencia, e intimo da alma, ou huns olhos fimplices, q comdiz Rusbroquio, ha fobre a razaõ, com que purgada, e limpa de todas as imaginaçoens, e fórmas das creaturas, com fobre natural luz conhece; e contempla as Divinas verdades.

Extazi?

He quando a alma fe vay pouco, e pouco alienando, e fahindo dos feus fentidos.

Rapto?

He quando derrepente fe arebata a alma em Deos, albea dos feus fentidos.

Arrobamento?

He quando o impeto do efpirito he taõ grande, que faz levantar o corpo da terra.

Revelaçaõ?

He hum conhecimento fobre natural, que Deos communica a algumas creaturas de couzas particulares, que fem luz fobre natural fenaõ podem alcançar.

Vizaõ corpórea?

He quando fe vé com os olhos corporaes alguma couza, que fem particular luz, e virtude Divina fenaõ póde ver.

Vizaõ imaginaria?

He quando com a imaginaçaõ fe vem algumas couzas, que com forças naturaes fenaõ podem alcançar.

Vi-

Vizaõ intellectual?

He hum conhecimento secreto, e alto,
que o entendimento alcança de algum myste-
rio de Deos, que elle descobre á alma com
mais luz, que a sobre natural ordinaria; que
lhe communica; e de todas as vizoens he a
mais segura.

As vizoens boas distinguem-se das màs pelos effeitos que cauzaõ; as do Demonio entraõ
com suavidade, e gosto, mas quando sa-em,
deixaõ a alma cheya de soberba, prezumpçaõ, e vangloria. As de Deos entraõ com
temor, e desconfiança, e quando saem, deixaõ
a alma sossegada, e humilde, e com dezejos
de mais agradar a Deos, e exercitarse de veras nas virtudes.

Liberdade de espirito?

He quando a creatura andá taõ unida com
Deos, que póde fazer todos os ministerios
temporaes, que tem á sua obrigaçaõ, sem se
divertir da prezença de Deos, nem se alterar
com as adversidades, que lhe succedem.

Communhaõ espiritual?

He hũ affecto, e dezejo gráde de receber na
sua alma o Sátiffimo Sacraméto; Christo a en-
sinou a seus discipulos, quando disse: *Deside-
rio desideravi, hoc Pascha manducare vobis-
cum.*

Me-

Meditaçoens para todos os dias da femana.
S E G U N D A F E Y R A.
O paſſo do Horto.

Onſidere ñas anguſtias, que o Senhor padeceo ahi, que foraõ taes, que lhe cuſtáraõ ſuóres de ſangue, naſcidos de v̄er a ingratidaõ, com que os homens correſpondiaõ ao ſeu amor; e do ſentimento que lhe cauzava o antever os poucos, que ſe haviaõ de aproveitar de tanto ſangue derramado por ſeu amor; ſendo Judas o primeiro, que ingrato a tantos beneficios, como lhe tinha feito, cõ hum fingindo oſculo de paz o entregou a a ſeus inmigos; que logo ahi o prenderaõ, e levaraõ araſtos com tantas afrontas diante dos Principes Farizeos, onde padeceo os mayóres vilipendios, que ſe podem imaginar.

E para mais te moveres ao ſentimento déſtas penas, conſidera a muita magoa que te cauza, quando alguem, a quem tens feito beneficios, tos paga com ingratidoens, ſendo nada o que lhe fazes em comparaçaõ dos que Deos nos fez; e muito menos os aggravos que te podem fazer, em comparaçaõ dos que fizeraõ ao Filho de Deos; e aſſim tirarás por fruto muitos actos de amor de Deos, e naõ perderás occaziaõ de te aproveitares dos Santos Sacramentos, e dos thezouros das indul-

gencias

gencias,que liberal nos reparte pela fua Igreja, fundados em os merecimentos do feu fangue.

TERC, A FEYRA.

Prezo à columna.

COnfidera como atando o Senhor a huma columna, oaçoutaraõ com varios
geheros de inftrumentos, varias cordas com
rozetas de ferro com tanta força, e por tanta
continuaçaõ de tempo, que foy neceffario
ferem muitos os verdugos, para defcanfarem
huns; em quanto açoutavaõ outros, deixando o em tal maneira defpadaçado, que fegundo diz: S. Boaventura, e foy revelado a Santa Brizida, lhe ficaraõ os offos â vifta: *Itã ut
cofle ejus viderentur*; e para te moveres á
compaixaõ, confidera fe hoje viras éutrar hũ
bárbaro na Igreja, e pegando na Imágem
de hum Chrifto a arraftráras, pizàra, e cufpira,
que te cuftaria de fentimento, e que naõ fize-
ras por vingar efta barbaridade; pois fe ifto
he na Imágem, quanto mais o deves fentir fe
fe fizeffe na peffoa? entaõ tira por fruto vingar em ti mefma eftas injurias, pois tu, e as
tuas culpas faõ os que o açoutaõ, e defpeda-
çaõ, naõ a Imagem, mas a peffoa de Chrifto.

QUARTA FEYRA.

A coroaçaõ de espinhos

C Onsidera como é desprezo da Magestade Divina vestiraõ a Christo huma purpura velha, e lhe puzeraõ na cabeça huma coroa de espinhos, na maõ huma cana
por cetro, dizendolhe muitas afrontas, e
injurias, dandolhe muitos golpes: admirate
da paciencia com que tudo isto sofria aquelle Senhor, e para tua confuzaõ lembrate do
pouco sofrimento que tens, as iras em que
rompes, as vinganças que procuras a qualquer palavrinha que te digaõ, que naõ seja de
teu agrado. E tira por fruto trabalhar por ser
sofrida nas injurias, e adversidades, que te
acontecerem.

QUINTA FEYRA.

Cruz ás costas.

C Onsidera como dando a escolher ao Povo, ou a hum ladraõ facinorozo, que os
tinha offendido com roubos, e homici-
dios, ou ao Filho de Deos, de quem tinhaõ

rece-

recebido os mayores beneficios, refufcitan-
dolhe os mortos, dando faude aos enfermos,
e de comer nas fuas necefidades , e outros
muitos favores, e de todos efquecidos, quizeraõ antes a Barrabás feu inimigo, do que ao
Filho de Deos, que tanto os amava, clamando
Pilatos , que lho tiraffe adiante dos
olhos, e o puzeffe em huma Cruz: *Tolle, tolle*
crucifige eum, o que logo executou, mandandolhe que a levaffe as cóftas atè o Monte
Calvario, fendo taõ pezada, que naõ a podé-
do fuftentar, cahio cõ ella por terra tres vezes.
o Efirvate de admiçaõ ver, que foraõ eftes
Farizéos mais crueis, que as féras mais indo-
mitas dos montes ; pois eftas defpem a fua
féreza à vifta de quem as fauorece. e neftes
creceo a fua tirania ao paffo dos favores.
que lhes fes o Filho de Deos. Mas cahe logo
fobre ti com a concideraçaõ, e vè quantas
vezes tens feito a mefma troca, que fizeraõ,
os Farizeós do Filho de Deos por Barrabás
ladraõ, e homecida, pois fendo-te propofto
do mundo os appetites, que faõ homicidas
da alma, e roubadores da Divina graça, e
a Deos ; que defde o principio da tua crea
çaõ naõ ceffa de fazerte beneficios e dezeja darte a fua gloria, renuncias a Deos, e a fua
gloria, e fegues a inclinaçaõ dos appetites;

e en-

e entaõ tirar por fruto fazer de hoye emdi-
ante ocontrario, defprezar os appetites , por
naõ perder a Deos.

SESTA FEYRA.

Chrifto crucificado.

COnfidera na dor, e confuzaõ que ó
Senhòr padeceria, quádo o defpiraõ para o crucificarem, vendó-fe nû á vifta de
todo ó mundo, veftindo elle o Ceo de Eftre-
llas, e a terra de planetas , e flores; naquella
deshumanidade com que o crucificáraõ def-
conjuntandolhe os offos, puxandolhe com
rijas cordas por fuas Divinas máos, e pès,
para que chegácem aos burácos, qué na
Cruz tinhaõ feito para os cravos; na dor que
padeceo ao encravalo, trefpaffandolhe màos,
e pès com crueis cravos de ferro , e quando
levantando-o ao ar, o deixáraõ cair de pan-
cada na cova , que para a Cruz tinhaõ feito,
rafgandolhe com efta violencia de novo
todas as feridas de feu facratiffimo corpo;
no fel, e vinagre que lhe deraõ a beber;
e que naõ fe contentando com tirarlhe apu-
ros tormentos a vida , ainda depois de morto, lhe trefpaffaraõ o coraçaõ có huma lança.
Admira te da dureza deftes bárbaros, mas
confude te logo na conciceraçaõ de ver, que
o que elles fizeraõ huma fó vez, fazes tu

R   todos

todos os dias, pois todas as vezes que o
offendemos, diz Santo Agoftinho, de novo
o crucificamos; defpi-mo-lo á vifta de todo
o mundo, quando para agradar às creaturas,
nos adornamos com coriozidade, e vaidade, fazendo do fambenito gala, pois he
o veftido do homem, e caftigo da culpa de-
Adaõ; damos-lhe a beber fel, e vinagre,
quando nos entregamos á gula, eftando a in-
ventar iguarîas para mais faboreár, e defpertar ao appetite da golozina; trefpaffamos-lhe
o coraçaõ com lanças, quando tiramos delle
o noffo, e o pomos nas creaturas; e conhecendo efta verdade, tira por fruto emmen-
darte em todos eftes vicios.

S A B B A D O.

Chrifto morto.

COnfidera ao Senhor morto, e defpeda-
çado, pofto nos braços de fua Mãy Santiffima; a pena, e fentimento que efta
defconfolada Senhora teria, vendo em feus
braços morto o mefmo Author da vida, aquelle Filho a quem taõ de veras amava, que hera a unica luz dos feus olhos; como choraria
fentida, e exclamaria magoáda, quando viffe
que os difcipulos lho tirávaõ dos braços, para o darem á fepultura, deixando-a em huma
trifte folidaõ, fem haver quem nella a confo-
laffe

lásse, pois os que o podiaõ fazer, neceſsitavaõ
do meſmo alivio, e aſsim pediria que com elle
a ſepultaſsem. Mas confunde te logo, de ver
que teus peccados foraõ a cauza das penas do
Filho, e anguſtias da Máy, E aſsim tira por
fruto chorar continuamente com muita dor
teus peccados, acompanhando a Senhora
neſta ſua triſte ſoledade, pois ſerve de conſolaçaõ aos triſtes terem companheiros nas ma-
goas: *Solatium eſt miſeros ſocios habere pena-*
tes.

DOMINGO.

a Reſurreyçaõ.

Onſidera a Chriſto diante de ti reſuſcitado, triunfante, e gloriozo, taõ reſplã-
decente que o Sol parece obſcura ſom-
bra á ſua viſta, e que as chagas que o afeávaõ,
ja agora ſaõ rubins que eſmaltaõ a ſua beleza;
acompanhado de todas as almas dos Santos
Padres, que foy tirar ao Limbo: que alegria
ſeria deſtas almas vendo-ſe livres daquelle
carcere, com o logro das eſperanças em que
viviam ha tantos mil annos? Que graças naõ
dáriam ao ſeu Redemptor, pelas haver tirado
daquella prizaõ para o logro da ſua viſta, porque tanto ſuſpiravaõ? Que gozo ſeria o de ſua
Máy Santiſsima, e dos Diſcipulos, vendo a
Chriſto ſeu Divino Meſtre reſuſcitado? Que

par.-

parabens lhe dariam, de ter paſſado para elle aquelle inverno de tormentos, e chegado o Abril das alegrias? *Jam hiems tranſiit, imber abiit, ſurge amica mea, & veni.* Como alegres andariam dando eſtas novas huns aos outros, e pedindo-ſe alviçaras de tanto gozo, e gloria?

E aſſim tira por conſequencia que naõ ha prazo que naõ chegue, e que as penas do mundo padecidas por Deos ſaõ veſporas de alegrias. *Ad veſperum demorabitur fletus, & ad matutinum lætitia;* e que Deos he mais veloz em darnos as alegrias, do que o mundo em perſeguirnos com os ſeus tormentos, pois os tormentos do mundo andaõ taõ de vagar, que quando nos chegaõ, he á tarde: *Ad veſperum,* e os gozos do Ceo correm para nos tanto, que nos chegaõ muito de madrugada: *Ad matutinum lætitia;* e aſſim tirarey por fruto acompanhar com goſto a Chriſto na ſua Paixaõ ſacroſanta com a minha Cruz, ou ſeja da penitencia, ou das mortificaçoens commũas da Religiaõ, ou a das adverſidades dos que me perſeguem, com a certeza de que eſtas penas duraõ pouco, e que a menor dellas ha de ſer brevemente numerada com huma eternidade de gloria.

Aphorifmos para defpertadores do efpirito,
e guia dos feus acertos.

D Ifciplinas, cilicios, e afpereza corporal
faõ as primeiras alfayas para a vida efpiritual.

Principalmente na perfeiçaõ fem Meftre
para a oraçaõ, he navio fem piloto, a quem
falta o timaõ.

Regalar muito o corpo, e guardar caftidade, he querer juntar trevas, com claridade.

Muito regalo corporal, e efpiritual, fó por
grande milagre fe podem juntar.

Quem quer tratar com Deos largamente,
naõ trate com os homens mais q̃ o neceffario,
e ifto brevemente.

Cumprir cada hum a fua obrigaçaõ, he
caminhar com preffa para a perfeiçaõ.

Gaftar muito tempo na Oraçaõ, e faltàr á
obrigaçaõ, mais tem de illuzaõ, que de perfeiçaõ.

Quem traz a Deos prezente ao feu lado,
anda modéfto, fezudo, e caládo.

Perfeverança na Oraçaõ com obfcuridade,
e fequedade, he final de muito valor, e folida
fantidade.

Padecer por culpa he proprio de ladroens;
mas padecer fem ella he de Santos Varoens.

Hum penitente que naõ he obediente, de
virtu-

virtude, e fantidade tem fó o apparente.

Quem naõ quer errar na penitencia corporal, refigne-a na vontade do feu Padre efpiritual.

O regalo da Oraçaõ he muy faborozo, mas
o amargo do dezemparo he mais proveitozo.

Os remendos repetidos em hum habito
pobre, e roto, faõ os habitos de Chrifto em o
peito religiozo.

Com fazer muito bem, fem padecer muito
mal, naõ fe faz o homem efpiritual.

Em vaõ fugirá da Cruz, quem de veras bufcar a JESUS.

Cella, curioza, e ricamente ornada, naõ he
de Religioza pobre, mas de gente relaxada.

Quem quizer aproveitar na vida efpiritual,
communique toda a fua alma ao Padre efpiritual.

F I M.

Omnia fub correctione Santa Matris Ecclefia.

INDI-

INDICE.

DAS COUZAS MAIS NOTAVEIS,
que fe contem nefte livro.

Abbadeça.

SE pode a Abbadeça mandar as Freiras por fanta obediencia. pag.57.

Aquem pertence a eleiçaõ da Abbadeça. pag.171.

Quem he a mais digna para fer Abbadeça. pag.173.

Qual feja a obrigaçaõ da Abbadeça. pag.172.

Aforifmos para defpertador ao efpirito. pag.261.

B.

Breve em que fe declara o que na Regra das Freiras obriga a peccado mortal ou venial. pag.42.

Cafti-

INDEX.

Caſtidade,

A que obriga o voto da Caſtidade. pag.79.
Quanto ſente Deos que
as ſuas eſpozas lhe faltem à fidelidade na
obſervaçaõ deſte voto.   pag.80.

Cazos rezervados.

Quaes ſejaõ os cazos rezervados das
Freiras Claras, e a ſua intelligencia. pag.129.
Varios privilegios, por onde as Freiras ſe
podé abſolver dos cazos rezervados. pag.132.
Se ſe podem abſolver as Freiras
dos cazos rezervados pela Bulla da
Cruzada.   pag.125.

Clauzura.

Que couza ſeja clauzura.   pag.84.
Em que culpa, e penas encorrem as
Freiras ſahindo da clauzura.   pag.85.
Se neſte preccito ſe dâ
parvidade de materia.   pag.87.
Em que cazos podem as
Freiras ſahir licitamente da clauzura.pag.86.
Se a Freira que por juſta cauza ſahio
da clauzura, eſtá obrigada a recolherſe
logo a ella, tanto que ceſſou a cauza.pag.89.
Se

INDEX.

Se pode defviarfe do caminho recto algumas legoas fem culpa grave.   pag. 89.

De varios cazos em que as Freiras podem ſahir licitamente da clauzura, e de quem ha de dar para iſſo a licença. pag. 89.

Se os meninos antes do uzo de razão, e os loucos adultos poderaõ fem licença entrar na clauzura,   pag. 156.

Se as peſſoas Reaes de ambos os fexos podem fem licença entrar na clauzura das Freiras.   pag. 156.

Se os Cardeaes podem tambem fem licença.   pag. 157.

Se huma Freira, que vay de caminho, pode entrar em hum Convento de Freiras da fua Ordem, ou de outra. pag. 158.

Cauzas, fins, e condiçoens que haõ de ter as peſſoas, que ouverem de entrar nos Conventos de Freiras.   pag. 158.

A que confiſſoens podem entrar os Confeſſores deutro nos Conventos, e que companheiros podem levar. pag. 129.

Quem ha de acõpanhar o Medico. pag. 160.

Quantos Frades podem entrar no Convento para ſeɅɅarem huma Freira á fepultura.   pag. 159.

Se os Frades que naõ eſtaõ deputados pa. ra o ſerviço das Freiras, podem acompanhar
                  o Con-

o Confeſſor na falta do Capellaõ   pag.160.

Se a licença para entrar na
clauzura ha de ſer por eſcrito,
e quem a ha de conceder.   pag.162.

Em que penas incorem as
Freiras ſenaõ examinaõ as
licenças ſe ſaõjuſtas, ou naõ.   pag.163.

Das penas em que incorre quem
entra naclauzura ſem licença, e juſta
cauza, e quemas deixa entrar.   pag.163.

Se pode alguma peſloa ſecular
comer dentro na clauzura.   pag.161.

Quãto tẽpo ſe ha de deter dẽtro no Cõvẽto quem nelle entrou licitamente.pag.168.

Se a criàda ḡ entrou por Breve Apoſto-
lico a ſervir huma Freira, poderá por virtude domeſmo Breve ſervir a outra.pag,168.

Confiſſaõ, & Confeſſores.

Se as Freiras ſe poderaõ confeſlar
com algum Confeſſor,álem do que
eſtá para ellas deputado.   pag.125.

Se ſe podem confeſlar de peccados
veniaes, ou mortaes ja confeſlados
com qualquer Sacerdote.   pag.125.

Se poderaõ as Freiras eleger Confeſſor por virtude da Bulla da Cruzada.pag.116.

A que Confiſſoens podem entra os
confeſlores dentro na clauzura.   pag.129.

Mo-

INDEX.

Modo de fazer as confiſſoens ordinarias. . pag.215.

Deſprezo da Regra.
Que couza ſeja deſprezar
formalmente aRegra. pag.55.
Quando ſe pecca contra a
Regra, mortal,ouvenialmente. pag.54.
Differença que ha entre a
vida Religioza, ea mundana. pag.192.

E
Eſcutas,e a ſua obrigaçaõ. pag.140.
Enfermas, quem tem
obrigaçaõ de lhesaſſiſtir. pag.152.
Exame da vocaçaõ
para a vida Religioza. pag.184.
Exercicio quotidiano. pag.197.
Exercicio para rezar
o Officio Divino. pag.198.
Exercicio para o refeitorio. pag.200.
Para as mortificaçoens penaes. pag.201.
Para quando ſe recolher á noite. pag.202.
Exercicio para todas
as acçoens ordinarias. pag.204.
Exercicio para imitarmos
nas noſſas acçoens a Chriſto. pag.213.
Explicaçaõ dos termos da
Theologia Miſtica. pag.248.

Do-

INDEX.
Do Habito das Freiras.

Da qualidade do pano, de que as Freiras haõ de veſtir, e da modeſtia que haõ de guardar nos habitos.   pag. 210.

Da roupa que haõ de trazer alem do habito.   pag. 140.

Se podem as Freiras uzar de camizas de linho.   pag. 105.

Se podem as Freiras eſtar ſem habito de dia, ou de noyte.   pag. 107.

Jejum

A que jejum eſtaõ obrigadas as Freiras.   pag. 141.

Que Freiras eſtejaõ dezobrigadas do jejum.   pag. 146.

Em que dias de jejum podem comer lacticinios.   pag. 144.

Se ſe póde tomar chocoláte em dia de jejum.   pag. 149.

Da quantidáde, e qualidáde da collaçaõ.   pag. 149.

Das horás em que ſe ha de comer no dia de jejum.   pag. 151.

Meditaçoens para todos os dias da ſemana.   pag. 253.

Noviças, e noviciado.

Incorre em excommunhaõ quem violen-
tar a vontade de alguma mulher para que
ſeja

INDEX.

feja Freira, ou para iffo der confelho, favor, e voto, e ainda affiftir à fua profiffaõ. pag. 46.

Que circunftancias há de ter huma mulher para poder fer Religioza. pag. 91.

Se fe pode aceitar para Freira a que he doente, velha, ou fatua. pag. 92

Quem pode a ceitar para Noviças. pag. 94.

Se ferá válida a profiffaõ fem os votos da Communidade. pag. 94.

Que idade há de ter a noviça para profeffar válidamente. pag. 97.

Se o anno do noviciado ha de fer continuado, e compléto. pag. 98.

Se fe pode anticipar, ou dilatar a profiffaõ. pag. 98.

Se a Abbadeça pode cometer a outrem, q̃ profeffe huma Noviça. pag. 99.

Como fe pode revalidar a profiffaõ nulla. pag. 100.

Privilegios de q̃ gozaõ as Noviças. p. 100.

Obediencia.

Quando peccaõ as Freiras contra a obediencia: mortal, ou venialmente. pag. 52.

Quantos modos ha de obediencia. pag. 51.

Se obriga a obediencia a culpa grave, fendo o preceito de materia leve. pag. 53.

Quando póde huma Freira dezobedecer fem culpa. pag. 49.

Se

INDEX.

Se obriga a culpa o que se manda
por confelho.   pag.65.

Se obrigaõ a culpa os preccitos de
leys penaes.   pag.54.

Quando fe pecca por defprezo da ley. p.55.

Officio Divino.

Se as Freiras eftaõ obrigadas de
peccado mortal a rezar no coro.   pag.110.

Se tem a mefma obrigaçaõ fora
do coro.   pag.110.

Quando, e cõ q cauza póderaõ as Freiras do coro rezar o Officio das leigas. pag.112.

Se as Abbadeças podem difpénfar,
ou commutar o Officio Divino.   pag.112.

Se as Freiras eftaõ obrigadas a rezar
no coro o Officio de Noffa Senhora,
e Pfalmos Graduáes, e Penitenciaes. pag.113.

Quando eftaõ as Freiras leigas
obrigadas a rezar pelos defuntos.   pag.114.

Da reverencia, modo, tempo, e integridade com que fe ha de pagar o
Divino Officio.   pag.116.

Quantas partes tenha   pag.235.

Modo como fe ha de ter.   pag.139.

Oraçaõ perparatoria para a cófiffaõ. p.221.

Oraçaõ antes da confiffaõ   pag.223.

Oraçaõ para depois da confiffaõ. pag.225.

Oraçaõ para antes da communhaõ. p.225.
      Oraçaõ.

INDEX.

Oração para depois da Comunhaõ. p.227.

Oração para offerecer as indulgécias. p.230.

Oração a Noſſa Senhora. p.230.

Pobreza.

Quantos modos ha de pobreza, e qual ſeja a das Religiozas. pag.95.

Se as Freiras Claras da primeira Regra podem ter rendas em cómum, e tenças, ou peculios em particular. pag.61.

Se as Freiras podem ter alguma couzá ſem licença, e com que licença podem ter as couzas de ſeu uzo. pag.62.

Se as Freiras Urbanas, e todas as mais de qualquer Religiaõ podem ter tenças, e peculios, e como as podem ter. pag.64.

Se as Freiras podem ter o ſeu peculio fóra da maõ da depozitaria. pag.66.

Em que podem as Freiras gaſtar licitamente o peculio. pag.67.

Se as Freiras podem dar alguma couza licitamente. pag.70.

Que quantidade faça peccado mortal emo dar ſem licença. pag.74.

Das dá divas miudas. pag.74.

Se as Freiras podem tomar alguma couza da Communidade. pag.76.

Se as Freiras podé eſcóder das Preladas algũa couza das q̃ tépara ſeu uzo. p.77.

Se

INDEX.

Se as Freiras podem difpor por fua morte das couzas do feu uzo.   pág. 78.

Profiffaõ, Vejafe a palavra Noviças.

Silencio

Do filencio das Freiras.   p. 136.

Do modo que as Freiras haõ de ter no fallar.   p. 139.

Trabalho.

Do ferviço em q̃ as Freiras fe haõ de occupar.   pag. 134.

Vizitar.

Quando fe pode deixar de vifitar.   p. 178.

O que fe deve vizitar.   pag. 179

FIM.

CPSIA information can be obtained
at www.ICGtesting.com
Printed in the USA
BVHW042014300119
538843BV00013B/35/P

9 780332 659336